どうすれば信頼される福祉リーダーになれるか

他者を支えて成長に導くサーバント・リーダーシップのススメ

久田則夫

中央法規

はじめに

今から数年前のことである。ある社会福祉法人の研修会に講師として招かれた。講演後、一人の男性職員が、私のもとに駆け寄ってきて、次のような問いを私に投げかけてきた。

「先生、一つだけ質問させてください。私はこの施設で働き始めて七年になります。これからどのような職員になることを目指せばいいのか、わからなくて困っています。具体的なヒントを教えてください」

即座に、私はこう答えた。

「目指すべき職員のイメージは極めてシンプルです。信頼される職員、希望を与える職員、そして、安心感を人の心にもたらす職員になってください。そうすれば、あなたは利用者本位サービスを担う本当のプロフェッショナルとして、確実に成長を遂げることができます」

問いを投げかけた職員は、力強い口調で、こう意欲を表明してくれた。

「人から信頼され、希望を与え、安心感をもたらす職員になることですね。わかりました。そのような職員を目指して、がんばっていきます」

＊　＊　＊

こうしたやりとりをする経験は、そのときが初めてではない。福祉現場で働く人を対象とした研修会の後に、受講者から寄せられる質問で言わせてもらえば、頻繁に寄せられるものの一つだ。中堅職員を対象とした研修会では、「中堅職員として、どのような職員を目指せばいいのか知りたい」という質問がよく寄せられる。指導的立場にある職員の研修会でも、同じだ。「指導的立場になったのですが、具体的にどのような職員になればいいのか、わかりません。何かヒントがあれば教えてください」といった質問が投げかけられることが多い。管理職員を対象とした研修会では、「具体的に、どのような管理監督者になればいいか、教えてください」といった類いの質問が数多く寄せられてくる。

どの層の職員であろうと、私からのアドバイスは常に同じだ。「信頼され、希望を与え、安心感をもたらす職員になるようにしてください」と伝えるようにしている。

理由は二つに集約できる。一つは、信頼と希望と安心感こそ、すべての職員が共通に求めているものであるからだ。もう一つは、「人から信頼されている」「人に希望を与え安心感をもたらすことができている」と実感できることが、働く喜びや働きがいの向上に直結するからである。人から信頼され、希望や安心感をもたらすことができる人になれれば、日々の業務のなかで、たとえ問題や課題に直面したとしても、冷静に向き合えるようになる。落ち着いて、解決に向けた方策を見出せるようになる。福祉の仕事に携わる人として、自分自身の成長が実感できるようになる。

本書が誕生した理由は、まさに、ここにある。働く喜びや働きがいを実感する福祉職員となるためのヒントを世に示したい。信頼され、希望や安心感を人の心にもたらすことができる職員となるための具体的方法を、より多くの人に示したい。こうした思いが、本書執筆の原動力となっている。

本書を読み進めるにあたっては、次の点について、留意してほしい。

まずは、第1章と第2章は必ず順番に目を通すようにしよう。第1章ではリーダーシップの定義とその発揮の仕方をわかりやすく具体的に紹介している。第2章では、リーダーシップを発揮するための必須の力、すなわち、気づく力、率先垂範力、そして、実現力について詳しく説明している。これら二つの章には、信頼され、希望を与え、安心感を人にもたらす職員となるための必須要素が書かれているので、可能な限り順番に読み進めるようにしてほしい。

その後は、どの章を読むか、自由に選択してOKだ。目次に目を通し、心に響くタイトルが記されているところから、順番に読み進めてよい。

読み進めるなかで、「これは大切なポイントだ」というところがあれば、アンダーラインやマーカー、付箋紙をつけるなどして、後で読み返したときに、すぐに大切なところが読み返せるように工夫しよう。嬉しいことに、これまでに出版した拙著を購入した読者からは、アンダーラインや付箋紙をつけて、活用していますとの報告が数多く寄せられてくる。今回も、ぜひ、そのような形でフル活用してほしい。

最も大切なのは、「これは大切なポイントだ」と思った事柄については、行動を起こしていくことである。焦る必要はない。慌てる必要もない。一つひとつ順番に行動を起こしていく。

そうすれば、信頼され、希望を与え、安心感を人の心にもたらせる職員として、確実に成長を遂げていくことができる。慌てずに、ゆっくりじっくりと、取り組んでいくことをお勧めする。本書の使用方法としては、職場内の勉強会や研修会の場で活用することもお勧めする。各章ごとに担当者を決め、読んで学んだことを簡単にまとめプレゼンテーションしてもらう。そのうえで、どのような形で、実践に移していくか、どのような行動を起こしていくかについて意見交換をしていく。これまでの書籍でも、そのような形で活用され、効果てきめんであったとの報告を多数頂戴している。本書もそのような形で、個人レベルは言うまでもなく、職場レベルでも活用されることを期待している。

今後、いつかどこかで、私の研修に参加する機会がある場合は、その前後に、必ず目を通すことも、併せてお勧めしたい。研修会での講演の前、あるいは、講演を聴いた後に、本書を読んでいただければ、学習効果はただ話を聴くだけで終わるよりもはるかに大きなものとなる。事前に読んだうえで、私が講師を務める研修に参加してもらえば、講演内容について、より深く理解できるようになる。研修後に、読んでもらう場合は、講演内容を振り返ったり、思い出したりすることもできる。信頼と希望と安心感をもたらす職員となるうえで、自分がどのような行動を起こす必要があるのか、再確認できる。手元に本書があれば、繰り返し内容を再確認できる。確実に成長が遂げられるようになる。そのような形で活用されることを心から願っている。

＊　＊　＊

最後に、本書の誕生に多いに貢献してくださった方々に心から敬意を表したい。まずは、福祉事業所のスーパービジョンを私に依頼してくれた経営者や施設長の皆さんに御礼を申し上げる。皆さんの事業所でのスーパービジョンを通して、学んだポイントを本書のなかにたくさんちりばめさせていただいた。

続いて、全国社会福祉協議会出版部の皆さんに感謝の意を表したい。本書の一部の章は、『ふれあいケア』の連載「介護現場のリーダー論――どうすれば信頼と希望と安心をもたらすリーダーになれるか」をベースとし、大幅に加筆修正させていただいたものである。連載原稿に手を加え、書物として出版することを快く許可してくださったことに心より御礼申し上げる。

そして、本書誕生の最大の功労者である中央法規出版第二編集部、米澤昇氏に心から感謝の気持ちを表明したい。初めて一緒に仕事をさせていただいたのは、二〇一七年に刊行した『福祉リーダーの強化書――どうすればぶれない上司・先輩になれるか』（中央法規出版刊）の執筆のときであった。同書の刊行にあたっては、たくさんのすばらしいアドバイスをいただくことができた。嬉しいことに、多くの読者の皆さんに読んでいただける作品に仕上げることができた。続く、『福祉職員こころの教科書――穏やかな気持ちで人を支援する専門職になる』（中央法規出版刊）においても、内容は言うまでもなく、レイアウトや装丁、イラストなどについて、貴重なアドバイスをいただき、無事、世に出すことができた。そして、今回も、丁寧かつ賢明なアドバイスによって、刊行の日を迎えることができた。

本作りの名手といえる編集者と一致協力して作り上げた本書が、福祉領域で働く人たちの手元に届き、一人でも多くの福祉職員の皆さんが、信頼され、希望を与え、安心感をもたらす人として、さらなる飛躍と発展を遂げられることを願っている。

久田則夫

二〇二二年　春

目次

第 1 章

今いるそのポジションでリーダーシップを発揮する人になる

――福祉の職場で必要とされる人になるために求められること

1 リーダーシップ：それはすべての人に求められる

誰もが発揮すべきもの

福祉職員として働くすべての人が、今、置かれている立場で発揮しなければならないものがある。職種や雇用形態は関係ない。経験年数も問われない。すべての人がそれぞれの立場や職種において、発揮しなければならないのはリーダーシップである。

保育士、介護職員、支援員、相談員という立場で直接支援に携わる人も、医療・看護職の立場で業務に携わる人も、事務面で組織・部署の円滑な運営に携わっている人も、栄養・調理などの業務に勤しむ人も、送迎や営繕などの業務を中心に携わる人も、常勤で働く人も、非常勤あるいは契約職員として働く人も、そして、勤務経験が少ない人も、ベテランとして働く人も、**すべての人がリーダーシップを発揮することが期待されている。**

リーダーシップについては、わが国では長年にわたって、職階に連動するものととらえられてきた。組織内で何らかの役職に就いた人、あるいは、部署やチームのなかで他者を率いる立場に任命された人が担うものととらえられてきた。福祉の職場も例外ではない。リーダーといえば、ある一定以上の職務経験を有し、管理監督者としての役割を担うよう指名された人、あるいは、部署やチームを率いる人が担うべきものという認識がなされていた。

都道府県単位あるいは政令指定都市単位で開催される福祉職員研修会で、初任者を対象とした研修は言うに及ばず、経験年数三年から五年程度の中堅職員を対象とした研修でも、どのようにしてリーダーシップを発揮するかという点が重要なテーマとして扱われることはほとんどない。あるいは、主任や係長等の立場に就く立場にある人を対象とした研修、あるいは、現在は中堅職員の立場であるが、近い将来、主任や係長等の立場になることが期待される職員を対象とした研修会において、リーダーシップの担い方や発揮の方法が教えられるようになるという状況である。

このようなとらえ方は間違っているわけではない。管理監督者の立場になったり、中堅から主任・係長等の立場、あるいはチームリーダー等の立場になったりすれば、当然、リーダーシップを確実に発揮していかなければならない。しかしながら、近年のリーダーシップ論に関する考え方を参考にすれば、経験が浅い職員も、中堅の立場である職員もリーダーシップを発揮することが強く求められていると断言できる。

下から上へのリーダーシップ

リーダーシップとは部下や後輩のみに発揮するものではない。経験年数や立場が同じ同僚職員にも発揮することが求められる。同時に、上司や先輩職員がその役割を存分に果たし、よりよき業務が果たせるよう、サポートするという形で、リーダーシップの発揮が求められる場合がある。部下が上司を支える形で、新しい意見や見方を伝えたり、業務内で気づいた課題や問題の存在を指摘したり、はたまた課題達成・問題解決に向けて提案したりすることを「フォロワーシップを発揮する」と言い表すことも可能だ。フォロワーシップの発揮については、部下力を発揮するという表現が用いられることもある。しかしながら、厳密にいえば、フォローとは、「従う」という意味だ。フォロワーというのは誰かに従う人、誰かに従うかのようについていく人という意味である。よって、後輩や部下が先輩や上司に進言する場合は、誰かに「従う」というニュアンスをもつフォロワーシップよりも、誰かを、下から支えつつも、「導く」という意味がある、リーダーシップとの表現が適切であろう。

遠慮せずリーダーシップの発揮を宣言しよう

こうした観点でリーダーシップという概念をとらえるのであれば、入社したての新任職員も発揮することが期待されているといっても過言ではない。よって、もし読者であるあなたが新任職員だとしても、「私はまだ勤め始めたばかりだから、リーダーシップを発揮する立場にはありません」と遠慮する必要はない。勤務経験が浅い場合も、職場からリーダーとしての役割を担うよう指示されていない場合も、「リーダーシップを発揮する立場にない」と判断する必要はない。

リーダーシップは誰か一部の特定の人が、担い、発揮するものととらえるのは、時代遅れの考え方だ。リーダーシップは、みんなのものだ。ある一定の立場に上り詰めた人のみが、責任として果たさなければならないものではない。組織に所属するすべての人に、発揮が求められるものである。

だから、遠慮はいらない。福祉の職場で働くすべての人は、誇りをもってこう宣言しよう。

「私は福祉の職場で働いています。利用者のよりよき暮らし、成長、飛躍などに直接（あるいは間接的に）貢献する業務に携わっています。その責任を果たすために、私はリーダーシップを発揮する者となります。後輩や部下に対しては言うまでもなく、同僚、先輩、上司にも、職場をよくしていくためには何が必要か、どうしていく必要があるのか、責任をもって伝える職員になります」

2　福祉領域におけるリーダーシップの定義

定義の理解がリーダーシップ発揮の第一歩となる

では、どうすればリーダーシップが発揮できる人になれるだろうか。そのためには、リーダーシップとは一体何を意味するものであるか、その定義を理解する必要がある。ここでは、福祉領域におけるリーダーシップの定義を紹介する。それは次のように整理できる。

「社会福祉職場におけるリーダーシップとは、最新の福祉理念、倫理、価値および事業所が独自に掲げる経営理念、運営理念などに基づき、共に働く仲間である構成メンバーの意欲を高めたり引き出したりしながら、共通の目標達成、課題達成、問題解決に向けて取り組んでいく一連の行動を指す[*1]」

この定義を見れば一目瞭然だ。福祉の職場で働くすべての職員は、リーダーシップの発揮が求められていると明言できる。誰もが、強固な責任感と使命感をもって、共通の目標達成、課題達成、問題解決に取り組んでいかなければならない。職場の発展をリードする人として、その責任を確実に果たしていくことが求められているのである。

この定義を目にしても、「リーダーシップの発揮なんて私は無理」「とても私などが担うことなどできない」という思いに苛《さいな》まれているとしたら、どうすればよいのだろうか。最も重要なのは、心の中で無意識のうちに握りしめているネガティブな思い、すなわち、「無理」「できない」との思いを、今この場で即座に手放すことだ。決断を先延ばしにしてはならない。少しでも先送りすると、「できない」理由探しに奔走するようになる。やがて、「私には絶対無理だ。とてもリーダーシップの発揮などできない」との思いに心が支配されるようになる。

「できない」理由探しは何をもたらすか

「できない」理由探しは簡単だ。「そんな力はない」と思うだけで済む。その結果、どのような未来が待ち受けているだろうか。リーダーシップの発揮が必要なくなるので、気楽に働けるようになるのだろうか。プレッシャーやストレスにさらされない毎日が送られるようになるのだろうか。

はっきり言おう。そのような未来は手にすることはできない。リーダーシップを発揮しないとの選択をすれば、職場の成長に自ら進んで貢献できなくなる。問題や課題に気づいても、自ら進んで行動が起こせなくなる。利用者の希望やニーズに応じるために、改善しなければならないことに気づいても、何もしない人になってしまう。それで、働く喜びが実感できる人になれるだろうか。働きがいを心の底から実感しながら働ける人になれるだろうか。答えは言うまでもない。その可能性は著しく低い。業務の向上に貢献できないことほど、利用者一人ひとりの生きる喜びの向上に貢献できないことほど、福祉の職場に勤める人にとってつらいことはない。

福祉の職場で働く人の喜びは、利用者の生きる喜びに貢献すること、よりよき暮らしの実現に確実に寄与することによって得られるようになる。こうした観点でとらえれば、福祉の職場で働く人として、自分にはリーダーシップというものに対して、どのような姿勢を示すことが必要となるのかは明々白々だ。利用者に確実に貢献できる人になるために、職場のさらなる成長に寄与できる人になるために、さらには、働く喜びを心の底から実感できる人になるために、リーダーシップの発揮を自らの使命として選び取ることが求められるのである。

3 リーダーシップは誰に対して発揮するのか

適切かつ的確にリーダーシップが発揮できるようになるには、誰に対して発揮するのかという点を明確にしなければならない。すでに説明したように、リーダーシップを発揮する対象は、部下や後輩とは限らない。職場に就職して間もない新任職員が対象とは限らない。

しかし、わが国では、福祉以外の職場においても、リーダーシップに関するとらえ方が、古いままで留まっている状況にある。リーダーシップを他者に発揮するというとき、その対象となる人は、自分よりも経験の浅い人、部下の立場にある人、職階面で指導の対象となる人であるととらえられる傾向が強くある。このとらえ方は間違っているわけではない。もし、あなたが、今の職場（部署）で長年にわたり働いてきた実績がある人であれば、後輩に対してリーダーシップを発揮するのは正しく適切なことだ。あなたが管理職の立場であれば、部下に対してリーダーシップを発揮するのは職務上、重要な果たすべき責任とみなせる。適切かつ的確にその責任を果たさなければならない。

しかしながら、リーダーシップを発揮する対象は後輩や部下など、一部の人に限定されるものではない。同僚に対しても、発揮が求められる。同時に、先輩や上司に対しても、発揮されなければならない。福祉の職場でいえば、主任、係長、課長、副施設長、施設長という立場にある人に対しても、適切かつ的確なリーダーシップを発揮することがすべての職員に求められている。

4　リーダーシップは上からの力任せのアプローチではない

ところが、実際に、上司や先輩に対して、リーダーシップを発揮するのは容易ではない。ある県で依頼された福祉職員に対する研修会の場で、「上司やベテランの域に達している先輩職員に対してリーダーシップを発揮する」という考え方についてどう思うか意見を募ったところろ、次のような声が寄せられた。

「上司や先輩職員にリーダーシップを発揮して、指導するなんて私にはとてもできない」
「私には、上司にリーダーシップを発揮して、指導するような知識も経験もない」
「上司にリーダーシップを発揮するなんて姿勢を実際に示したら、間違いなく関係がぎくしゃくする。恐くてとてもそんなことはできない」

ここでは主なものを三つだけ紹介したが、寄せられた意見の大半は、この三つと類似するものであった。こうした見解の背景にはリーダーシップの発揮方法に関する大きな誤解がある。

リーダーシップは、相手よりも自分が優れているという観点、すなわち、上位者としての視点から、向き合うものではない。相手を力で説得したり、自分の意見を一方的に示したりするものでもない。相手が自分とは異なる意見を示したとき、論破を試み、言い負かせるといった類いのものでもない。

求められるのは、誠実で謙虚な姿勢である。相手の立場に立ち、相手の思いや経験、そして、その人のありのままの姿に最大限のリスペクトを示しながら発揮することが求められているのである。相手に寄り添い、支えるというイメージでアプローチしていくものである。相手がどのような立場の人であろうとも、例えば、年齢がはるかに下の人であろうとも、経験年数がわずかな人であろうとも、十分な働きができない人であろうとも、相手を軽んじたり、責めたりするような姿勢は示さない。思いやりの心をもって、誠実に支えるという姿勢を示すことが必要とされる。

5 求められるのはサーバント・リーダーシップの発揮

リーダーの任務は仕えること

この種のリーダーシップは、サーバント・リーダーシップ（Servant Leadership）と呼ばれるものである。サーバントとは、奉仕する者、あるいは、仕える者という意味である。サーバント・リーダーシップの概念を整理し、世に広めたグリーンリーフは、サーバント・リーダーには、何をおいても〝仕えることを第一にする〟（to serve first）、つまり、〝サーブ・ファースト〟と称する姿勢があると説明している。また、その姿勢は、何よりも〝仕えることを第一にする〟（to serve first）との思いから生まれるものだと指摘する。そのうえで、サーバント・リーダーシップの考え方に根ざすサーバント・リーダーは、相手が「最も必要としているものを与えるために、相手の立場で考え、相手の気持ちを推し量る能力に磨きをかける」取り組みに確実に取り組んでいる、との説明を加えている。[*2] 言い換えれば、相手にとって優先順位が高く大切なことが、その人のもとに届けられ、成し遂げられるよう、心を尽くす姿勢が、サーバント・リーダーの最大の特性の一つであるとの見解を示しているのだ。

サーバント・リーダーにとって、最も重要な使命の一つは、相手の成長である。よって、相手に接する際には、相手がどの立場の人であろうとも、自分の働きかけを通して、「相手がどのような成長を遂げてきているか」「成長を遂げていないとすれば、どのようなアプローチが必要となるか」といった姿勢で向き合うことが求められる。続いて、「相手が自分の役割を存分に発揮できるようになっているか」「果たせていないとすれば、どのようなサポートをどのタイミングで、どのような手段と方法で提供することが必要か」を考えながら、接することが必要となる。

誠実、謙虚、思いやり、尊敬の気持ちをもって支える

相手が後輩職員、部下、同僚職員などであれば、一人の職員として飛躍と成長が遂げられるように、下から支えていく姿勢を徹底的に示す。直面する問題の解決や課題の達成につながるように、下支えするリーダーになることが求められている。上司や先輩職員に対しても、サーバント・リーダーシップのアプローチで向き合うようにする。どうすれば上司や先輩職員がそ

の役割を存分に果たせるようになるか。どうすればさらにすばらしい職員として飛躍が遂げられるか。どうすれば信頼感と安心感を部下・後輩職員に与え、職場全体に「もっとよくなる」という希望を与える上司・先輩職員へと成長が遂げられるか。こうした視点で、支えながら、成長をサポートしていくというイメージで上司や先輩職員と向き合っていく。その際は、意識の根底に、誠実、謙虚、思いやり、尊敬などポジティブな思いを置くようにする。自分が上だという意識、あるいは、自分だけが正しい業務を行っている、自分だけが正しい考え方に基づく業務を行っているとの認識で向き合うと、対応が上から目線になりやすい。おごりの姿勢に陥りやすく、相手から強い反発を受けるようになる。**リーダーシップを発揮する際には徹底的に相手の目線で自己をとらえ直し、おごった姿勢、高ぶった姿勢、上から目線の姿勢を示しているとみられるような言動をしていないか厳しく自己を振り返ることが求められる。**リーダーの立場にある人が相手からの信頼を失ってしまう最大の要因は、おごり、高ぶり、傲慢《ごうまん》な姿勢である。「自分だけが正しい」「自分の考え方は間違っていない」などといった姿勢である。だからこそ、これらの姿勢を手放すと強く意識することが必要になる。他者の視点から見て、少しでもおごり、高ぶり、傲慢と見えるものがあるとすれば、躊躇《ちゅうちょ》なく手放す行動を示すことが、リーダーシップの発揮に欠かせない重要な一歩となるのである。

6 ボトムアップ方式で相手に向き合う

上司や先輩職員を下支えする形で提供するサーバント・リーダーシップは、ボトムアップ方式のリーダーシップと表現できる。このタイプのリーダーシップを発揮して職場をよりよい状態に導くためには、上の立場にいる職員からは見えにくかったり、気づきにくかったりする課題や問題を指摘するようにしなければならない。職員として長期間所属したために、気づく感性が薄れた状態になった先輩職員がいる場合は、「経験が浅いので自分のとらえ方は間違ってしまっているかもしれませんが」と前置きしたうえで、自らの気づき、すなわち、問題意識を伝えるようにする。

課題や問題を、上司や先輩職員に指摘する際には、相手の責任を責め立てるような姿勢にならないよう気をつけなければならない。「こういう状況で困っています。すぐに何とかしてください」と感情的な口調で訴えると、相手は自分が責められているととらえる。相手が上司の場合、上司としての能力が疑われているととらえ、冷静でいられなくなる。先輩職員の場合も同様だ。自分たちが、これまで積み上げてきた実践が、すべて否定されているかのような受け止め方をしてしまいやすい。その結果、何が起こるかは火を見るより明らかだ。彼らは、心を閉ざしてしまう。反発姿勢を露わにしたり、無視を決め込んだりする姿勢を示すようになる。

こうした事態の発生を防ぐには、冷静に落ち着いて、上司が現状報告を聞けるような伝え方をするよう心がけることが必要となる。相手が直属の上司で十分にリーダーシップを発揮できない人であっても（その結果として、現場に混乱がもたらされている状況であったとしても）、相手の力に疑問を呈するような言動は厳に慎む。「この問題の解決のために、力を貸してください」と相手のサポートを謙虚に求める姿勢で向き合うようにする。

7 下支えしたいとの思いがわき上がらない相手とどう向き合うか

〝残念な上司〟はどの職場にもいる

とはいえ、現実は厳しい。上司や先輩職員のなかには、下支えをするという気持ちになれない人がいる場合もある。これまで全国のさまざまな福祉現場のレベルアップにかかわってきた経験でいえば、どのような職場にも、部下から信頼が得られない状態にある〝残念な上司〟が必ずいる。安心感や希望を部下の心にもたらさない上司も残念ながら存在する。信頼感、安心感、希望ではなく、むしろ不信感、不安感、失望をもたらしている状況にある上司もいる。一つの事業所に一人とは限らない。複数人、存在するケースも珍しくない。

先輩職員の場合も同じような状況だ。尊敬できるすばらしい先輩はいるが、すべての先輩がそうだとは限らない。部署やチームの業務レベルの向上に貢献していない先輩職員もいる。そうした状況にある先輩職員に対しては、支えていくという気持ちが生じにくくなるケースがあっても不思議ではない。

万が一、あなたの職場の上司が、〝残念な上司〟に当てはまる状況であったとしても、はたまた、共に働く先輩職員が職場の足を引っ張る〝残念な先輩職員〟であっても、失望感に苛まれる必要はない。**彼らは、〝残念な上司〟あるいは〝残念な先輩職員〟になるために、日夜努力して、そうなったのではない。何らかの原因でその残念な状況に陥ってしまったのだ。**目指すべき方向を示す人がいなかった。どのような役割を果たすことが求められるのか明確に指し示す人がいなかった。厳密な言い方をすれば、自分たちをサポートし育てようとした人はいたのだが、その方法が適切なものではなかった。その結果として、上司として役割が果たせなかったり、先輩職員として後輩職員によい手本が示せない状態になってしまったりしているケースが少なくない。ある意味では、彼らは〝犠牲者〟である。リーダーシップが不在な状況のなかで、経験を積んできたために、学ぶべきものが学べなかった。身につけるべきものが身につかないまま、現在に至っているのだ。

希望の光をともす人になる

その人たちにとって、大きな希望の光となるのが、リーダーシップマインドをもって働く職員の存在だ。ボトムアップの姿勢で人を支える、本物のリーダー職員の存在である。希望の光となるのは具体的に誰を指すのか。それは間違いなく、本書を手にしてくれている読者の皆さん、一人ひとりだ。今、本書に目を通すあなたこそが、他の職員の希望の光となるのである。あなたに後輩職員や部下がいる場合は、彼らの成長を下支えするリーダーとなるための一歩を確実に踏み出すようにしよう。あなたに上司や先輩職員がいる場合は、彼らが上司として、あるいは、経験を積んだベテラン職員として、その力が存分に発揮できるよう、ボトムアップの姿勢で支えていこう。

相手がどのような状況にあったとしても、「人は誰もが成長する」という確信をもって向き合うようにする。どのような業務姿勢や実績を示す人であっても、「よい仕事をするためにこの職員はいる」「利用者一人ひとりの豊かな人生を支えるため、さらには、生きる喜びを実現するためにこの職場で働いている」という思いをもって向き合うようにする。周りの職員に対して、信頼感、安心感そして希望をもたらすことができない残念な状況にある職員を、信頼感と安心感と希望をもたらすことができる職員へと育てていくとの決意と覚悟と行動が、求められているのである。

8　リーダーシップは自分自身にも発揮する

リーダーシップについては、自分に対して発揮することも忘れないようにしなければならない。これまでリーダーシップは、他者に発揮するものだというとらえ方がなされてきた。部下、後輩、部署やチームの仲間に対して発揮するというイメージでとらえられてきた。サーバント・リーダーシップの考え方が広まるなかで、他者の対象も拡大する。上司や先輩職員に対してもリーダーシップを発揮するというとらえ方が広まっていった。誰もが、自分の周りにいるすべての職員に対して、リーダーシップを発揮するという決意と行動が求められるようになった。

他者に対して、リーダーシップを発揮し、成長に寄与できる人になるためには、自分自身を常に正しい方向に導く姿勢が不可欠になる。すなわち、自分自身に対して、リーダーシップを発揮していくことが必要になる。単に思いを抱くレベルに留まらず、自分自身へのリーダーシップを確実に行動として示すことが求められる。具体的には、次のような取り組みが必要となる。

①利用者からは言うまでもなく、他の職員からも信頼される人になるためには、そして、常に利用者や他の職員に希望や安心感をもたらす人になるためには、どのような心がけや業務姿

勢で働くことが求められるのかを理解する。そのうえで、他者に信頼される人になるべく、他者に希望や安心感をもたらす人になるべく行動を確実に起こしていく。

②自分はどのような役割を果たすために、この職場（部署、チーム）に所属するのかを理解する。その役割を確実に果たせるよう行動を起こしていく。

③自分はどのような業務をどのような手順や方法でやり遂げていくことが求められているのかを理解する。求められる手順や方法に基づく業務の遂行をいつも心がけていく。

④所属する職場（部署、チーム）のなかには、質の高い業務を行うという観点からとらえたとき、どのような課題・改善項目があるかを的確に理解する。把握した課題・改善項目については、まず自分ができることから取り組み、実績を残せるようにしていく。

⑤自身を正しい方向に常に導くべく、自分自身の日々の業務姿勢や言動などを常に振り返り点検する姿勢を示す。改めるべき点がある場合には、躊躇せずに改めるための行動を起こすようにする。こうした取り組みを積み重ね、他者の手本となるような働き方を率先垂範して示せるよう自分自身を導いていく。

9 セルフ・リーダーシップの定義

自分を正しい方向に導けない人の言葉は他者の心に届かない

リーダーシップを発揮する人には、他者を正しい方向に導くことが求められる。そうした人になるためには、誰よりも先に、まずは自分自身を正しい方向に導くとの強い決意と行動、そして、実績を示せるようになることが求められる。自分自身を正しい行動へと導けない人の声は、どんなに正しいことを述べたとしても、どのように優れたコミュニケーション・スキルを用いて伝えたとしても、他者の心の琴線に触れることはない。心から納得したり、共感しながら話に耳を傾けたりするという姿勢をもたらすことはない。

自分を正しい方向に導く姿勢を示せない人の言葉は、どんなに正しいことを言っていたとしても、反発しか生み出さないこともある。「自分のことを棚に上げて、よくもそんなことが言えるな」という強い反発心が頭をもたげ、話がすんなりと心に入っていかなくなる。怒り、苛立ちなどのネガティブな感情を生み出すとの事態を招くこともある。相手に対する信頼感が高まるどころか、不信感が強まるという状況が生じる場合もある。

だからこそ、よいリーダーとして力を発揮し、他者の成長に寄与する人を目指すのであれば、自分自身を常に正しい方向に導くという姿勢が欠かせなくなるのだ。専門用語でいえば、セルフ・リーダーシップ（Self Leadership）の発揮が求められているのである。この用語は、福祉領域において用いられる場合は、次のように概念整理できる。

「セルフ・リーダーシップとは、周りにいるすべての職員（同僚、後輩、先輩、上司等）に対して正しく望ましい影響が与えられるプロフェッショナルな職業人となるために、まず自己に対してリーダーシップを発揮し、自分自身を福祉に携わる者として、適切な福祉観、倫理観、価値観などに基づいた考え方や行動が示せるよう正しい方向に導いていくために示される一連の行動を指すものである」

セルフ・リーダーシップの発揮に向けた三つのプロセス

つまり、セルフ・リーダーシップとは、次の三つのプロセスで構成されるものであると整理できる。第一のプロセスは、自分がまず利用者本位サービスの実現に向けて正しい行動を他者に先駆けて起こし、自己変革と自己成長を確実に成し遂げていく。そのうえで、第二のプロセスに移行する。他者に働きかけ、一人ひとりの職員を正しい方向にいざなっていく。そして、第三のプロセスとして、チーム全体、部署全体、職場全体への働きかけを行う。中長期的に、職場全体をよりよい方向に導く働きかけを起こしていく。

自己実現は他者の幸せの実現によって成し遂げられるもの

セルフ・リーダーシップが発揮できるようになれば、自己実現も同時に果たせるようになる。どのような業界・業種で働いていようとも、働く人の自己実現は、他者の願いや思い、夢や目標などの実現をサポートすることによって成し遂げられる。他者の幸せの実現こそが、その人たちとともに働く人にとっての喜びとなる。自己実現となるのである。

他者を置き去りにした自己実現はあり得ない。他者の幸せに貢献しない自己実現もあり得ない。自分だけが幸せになるという取り組みは、自己中心性に基づくアプローチであり、他者は言うに及ばず、自分にも幸せや喜びをもたらすことはない。何かを達成したとしても、誰も喜びを共有する人がいないことに気づいたとき、人は心から喜びが実感できるだろうか。深い幸福感に浸れるだろうか。喜びや幸せは関係性のなかで実感できるものである。自己に喜びや幸福感をもたらす自己実現には、他者の存在が欠かせない。他者の喜びや幸せの実現に貢献していると確認できることが不可欠の要素となるのである。

10 最高の自己実現とは人を育てること

投資顧問および資産管理におけるコンサルタントとして著名な松島修は「人にとって最高の

自己実現とは他の人を育てること」であり、「人は人を幸福にすることで自分も幸福と感じる生き物です[*3]」との見解を示している。セルフ・リーダーシップを発揮し、自分自身を正しい方向に導けば、その結果として、他者を正しい方向に導ける人へと成長できる。そうすることによって、一人の職業人として、働く喜びが心の底から実感できるようになる。自己実現の果実が堪能できるようになると主張しているのである。

チャールズ・C・マンツは他者からリスペクトされる最高のリーダーになるための重要な第一ステップとして次の点を強調している。

「すぐれたリーダーとなるための第一歩は、鏡をのぞき込み、自分自身をよく見つめることです。自分を上手に操る術を身につければ、ほかの人たちにお手本を示すことができます[*4]」

自分自身はどのような状況にあるのか、自分自身の姿を鏡をのぞき込んで見つめるためには、福祉職員としてどのような力をもつことが求められるのか、確認する取り組みが必要になる。

次章では、その勇気あるチャレンジに取り組んでいく。今、福祉の職場でリーダーシップを正しく適切に発揮する職員になるためには、どのような力を身につけることが求められるのか、確認する。そのうえで、求められる力を身につけるためにはどうすればよいか、すぐに応用できる具体的なヒントを学ぶこととしたい。

［引用文献］

1　久田則夫『福祉リーダーの強化書――どうすればぶれない上司・先輩になれるか』中央法規出版、一八頁、二〇一七年を一部改変
2　ロバート・K・グリーンリーフ、金井壽宏監訳『サーバントリーダーシップ』英治出版、五五頁、二〇〇八年
3　松島修『聖書に隠された成功法則』サンマーク出版、二七三頁、二〇一〇年
4　チャールズ・C・マンツ、中山宥訳『「最高の上司」になるシンプルな方法――イエスのEメール』PHP研究所、一八頁、一九九九年

第 2 章

どのような力を習得する必要があるか

──気づく力、率先垂範力、実現力、納得力を発揮する

1　気づく力を発揮する

何に気づくのか

自分自身をあるべき方向に導き、他者にもよい影響を及ぼすリーダーになるために、まず求められるのは気づく力の発揮である。利用者に関していえば、意思・希望、ニーズ、生きづらさ、困りごと等に気づく力を指す。単に見て把握したもの、聞いて把握したものだけでなく、明確に表明されていない意思や希望、ニーズ等に気づく力も指す。その他、一度表明されたり把握されたりした意思や希望の変化に気づく力も求められる。さらには、個性、特性、ストレングスなどに気づく力も必要とされる。

気づく力の危うい特性

気づく力について、留意しなければならない重要なポイントがある。気づく力には、油断すると、すぐに曇ってしまうという特性がある点だ。福祉職場で働き始めた当初は、すべてが新鮮である。利用者一人ひとりとの出会いに、感激し、喜びで心が満たされる。日々の業務を通して、利用者の新たな一面を知るようになる。経験を積むに従って、業務の手順や方法、接し方、支援の際の留意点などが理解できるようになる。自己の成長が確認でき、働く喜びが心の底から実感できるようになる。

しかし、しばらくすると、状況が一変する。かつてほど、喜びが実感できなくなる。利用者との日々の出会いやふれあいにかつてほどの喜びや感動が感じられなくなってくる。もちろん、すべての人がそうなるわけではない。どんなに経験を積んでも、日々、フレッシュな視点で業務に携わることができる人がいる一方で、ある一定の勤務経験を積むと、喜びや感動、感謝の気持ちが薄れてしまう人もいる。日々の業務から喜びが得られなくなると、業務姿勢が機械的になりやすい。喜びをもって、業務に取り組むというよりも、日々の業務パターンを淡々と繰り返すだけの姿勢に陥りやすくなる。業務をもっといいものにするための課題に気づくという視点が維持できなくなる。

小さな変化に気づけなくなる

利用者に関しても、油断をすると、日々のふれあいを通して、新たな側面に気づくという感性が鈍ってしまいやすい。「いつもと同じ言動を示しているだけ」「特段変わった様子もなくいつもと同じ」「いつもと同じ状況なので、いつもと同じように対応するだけ」といった見方をするようになり、小さな変化に気づかなくなる。実は利用者はいつもとは異なる意思表示を何らかの形で示しているのだが、**「いつもと同じで、変わりない」との思いで見てしまうと、サ**

インに気づけず、見落としてしまいやすくなる。

経験をある程度積み、「利用者のことはわかっている」「利用者はいつも同じで変化はない」などと先入観や思い込みでとらえるようになってしまうと、利用者がいつもとは異なる形で何らかの意思表示をしているのに、気づけなくなる。ちょっとした仕草や動き、言動などから思いを把握するという感性が鈍るようになる。利用者の行動を見ているのに、サインに気づかない状況になる。利用者の発言を聞いているのに、そこから利用者の思いを把握するということができなくなってしまう。

2 気づく力を活性化させる

業務姿勢の見直し

失った気づく力を再生させたり、活性化したりするためには、どうすればよいだろうか。ここでは二つの方法を紹介する。

一つは、業務姿勢の見直しだ。業務に入るときに、漫然と何も考えずに入るのではなく、「今日、この業務に携わるのは初めてだ。フレッシュな視点で業務に取り組む」と心の中でつぶやいて業務に着手するようにする。慣れ親しんだ業務で、完璧にこなせると確信をもつ業務であっても、「今日取り組むのは初めてである」と心の中でつぶやき、初心に立ち返る姿勢で向き合うよう心がけていく。

利用者に対しても、同じ姿勢を貫く。どんなに長い期間、支援をした経験がある利用者であっても、毎日、毎日が、新たな出会いの一日であるという心がけで向き合うようにする。「今日、この利用者と出会うのは初めてである。今日一日の新しい出会いを通して学ぶ」という姿勢をもって接するよう心がける。

こうした心がけをもつだけで、日々の業務のなかに潜む課題や問題に気づくという視点が回復できるようになる。利用者に関しても、表に出にくい思いを把握したり、新たなニーズを発見したりすることにつながりやすくなる。いつもと変わらない言動と見えても、鋭い感性をもって接すれば、そのなかに、重要なメッセージが秘められることに気づけたりする。だからこそ、曇りやすい気づく力を活性化させるための取り組みが欠かせないのである。

記録の活用

気づく力の再生や活性化に向けた二つ目の取り組みは、記録の活用である。これは、いつもの記録のなかに、気づきを書き入れるという方法である。

取り組み方は簡単だ。業務日誌やケース記録を書き込む際に、**今日の業務を行うなかで何に気づいたか、「今日の気づき」を書き込むようにする**だけのシンプルな方法である。利用者に関することであれば、その日の利用者とのふれあいのなかで、何に気づいたかを書き込むようにする。難しいことを書こうと意気込む必要はない。今日のかかわりのなかで気づいたことを自分の言葉で、書き込めばよい。

具体的には、「今日の昼食時の介護を通して、○○さんがブロッコリーが好きだということに気づいた」「レクリエーションのときの様子を通して、ゲームへの参加にお誘いする場合には、他の利用者への働きかけが終わった後に、静かな環境のなかで、お誘いすることを好むということに気づいた」などといったイメージで記録を残すようにしていく。

利用者とのかかわりのなかで発見した新たな気づきを記録するようにするという意識をもつと、利用者に学ぶ、あるいは、利用者の新たな側面を学ばせていただくという意識が強くもてるようになる。気づく感性の低下防止や活性化を図ることができる。

3 気づく力を活性化させると、問題意識を行動で示せるようになる

問題意識が活性化する

気づきを書き込む習慣が身につくと、日々当たり前のように行っている業務に対しても、問題意識をもって取り組めるようになる。漫然と業務に取り組むのではなく、「本当にこの手順や方法でよいのか」「もっとよい方法はないか」という視点をもって取り組めるようになる。問題意識を単に意識だけのレベルのものに留まらせるのではなく、改善に向けた行動として示せるようになる。利用者に向き合う際も、問題意識をもってアプローチできるようになる。利用者の言動をいつもの言動という視点でとらえるのではなく、そこにどのような思いが潜んでいるのかとの問いを自分の心に投げかけることによって、把握していなかった思いやメッセージ、ニードなどに気づけるようになる。気づけたら、即座に行動開始だ。思いやメッセージ、ニードにきめ細かく対応した支援を行うようにしていく。このような形で業務の改善やレベルアップが図れるようになる。真の意味で問題意識が発揮できるようになる。

そもそも問題意識とはどのような意味をもつものなのだろうか。気づく力を発揮するリーダーとなるうえで、不可欠の力なのであるが、福祉の実践現場では十分に認識されているとは

言いがたい。なぜ、そのような状況になっているのか。問題意識の本当の意味が理解されていないためだ。多くの人が、この言葉を聞いたことはある。「問題意識をもって働く」のは大切なことだと理解している。が、残念なことに、その意味が理解されていないために、行動に移せない状態に留まっている。問題意識を正しく理解しているかどうかは、次の問いを投げかければすぐに判断できる。

「あなたは日々の行動のなかでどのような形で、問題意識を行動で示していますか」

この問いにすらすらと答えられれば、心配はいらない。問題意識を理解しているし、その理解に基づく行動が示せている。残念ながら、この問いに答えられない状況であるとすれば、問題意識の理解ができていないし、行動も起こせていない。**問題意識は職場のなか、あるいは、自分が行う業務のなかに潜む問題に気づき、把握した問題に対して、適切な方法を用いて解決を図っていく行動を確実に起こすことを求めるもの**である。つまり、問題意識は頭の中の意識に終始するものではない。把握した問題を確実に解決に導くという行動が求められるものである。

問題意識とは

福祉の仕事に取り組む人であれば、次のようなとらえ方をすることが求められる。

「問題意識とは、日頃当たり前に行っているすべての業務を徹底的に利用者の立場に立って、本当にこれでいいのかという視点からクエスチョンを投げかけ、何がうまくいっているのか、何がうまくいっていないのか、見極めるようにすること。問題点が明らかになった場合は、原因を踏まえたうえで解決策を講じ、やり遂げていくこと」

このようなとらえ方を踏まえて行動を起こせば、問題意識が業務のレベルアップに向けた行動として、確実に示せるようになる。日々、当たり前に取り組む業務にクエスチョンを投げかけるという気づく力の発揮に向けた行動が示せるようになる。問題解決が着実に図っていけるので、同僚、後輩、部下、先輩、上司等から信頼される職員として成長が遂げられるようになる。

4　率先垂範力を示す

まず自分が行動を起こす

リーダーシップを発揮する人になるためには、気づく力の発揮によって把握した課題や問題から目をそらさず直視するという姿勢が必要となる。どの課題や問題が解決に向けて取り組むべきものか優先順位を定め、解決に向けた行動を、誰よりも先に率先して起こすという姿勢が求められる。といっても、これは、すべての問題を一人だけで解決に向けて孤軍奮闘するという意味ではない。人任せにせず、まずは自分が率先垂範して真摯に向き合う姿勢を示すという意味である。責任感をもって、問題解決や課題達成に取り組むという姿勢を示すものである。

さらに、指摘しなければならないのは、どこの職場にも共通に存在する、厳然たる現実である。それは、どのような問題や課題であっても、最初の一歩が、全員一丸となって踏み出されることはあまりない。問題や課題への最初の一歩は、一人の強いリーダーシップ意識をもった人から始まる。率先垂範して行動を示す人の動きを見て、周りのメンバーが感化され、協力するようになるのだ。率先垂範する行動は、人に安心感をもたらす。責任感をもって行動しようとする人が、自分たちが所属する組織・部署・チーム内にいるということが確認できるからだ。自分は何もせずに人に丸投げをするのではなく、自分がまず一歩を踏み出すという気概をもって行動を起こす人がいることが確認できるからである。

問題解決に向けて、率先垂範した行動を起こす際には、次のような段取りで取り組むようにする。

①気づく力の発揮によって、リストアップされた問題や課題から、まず自分が中心となって解決に向けて行動を起こせるものを一つだけ絞り込む。
②どのような原因で問題が発生しているのか、精査する。
③原因を踏まえたうえで、適切で実効性が高いと思われる解決案（改善案）を作成し実行に移す。
④進捗状況を確認する。
⑤確実に解決に導けたことが確認できれば、他の職員にも、同じような方法で業務改善に取り組むよう働きかける。

率先垂範の取り組み例

この手順に従った率先垂範の例を紹介しよう。解決に向けて率先垂範した行動を起こしたのは、知的障害者施設で中堅職員として働く人である。問題解決に取り組んだのは、脳性まひを伴う知的障害者への食事介助の方法であった。自分だけではなく、他の職員もうまく介助ができない状況であったが、まずは自分が行っている食事介助の手順と方法を見直すことに取り組んだ。すると、すぐに原因が明らかになった。利用者は、嚥下が困難な状況にあった。にもかかわらず、利用者のペースではなく、職員である自分のペースで食事を食べてもらうようにしていたことが原因であることが把握できた。原因を踏まえたうえで、改善策を立案した。

食事介助の方法について、利用者本人の嚥下状況を踏まえ、本人のペースに合わせた支援をするという計画を立て、行動を起こすこととした。

計画立案の段階に至ったとき、同僚は言うまでもなく、上司にも、自分が行おうとしている取り組みについて、報告、連絡、相談をした。賛同が得られたことを確認したうえで、行動を起こした。当初は、食事時間が長引くという事態が発生したが、すぐに問題は解決した。本人の嚥下ペースに合わせた介助となったので、本人がリラックスして食事が摂れるようになった。途中でむせたり、詰まらせたりすることがなくなったので、スムーズに安心して食事時間が過ごせるようになった。この取り組みを見た他の職員も、同じようなアプローチによる介助を行うようになった。中堅職員が率先垂範して取り組んだものであったが、やがてチーム全体で共有する手順と方法となった。一人の職員の率先垂範が、チーム全体のレベルアップに昇華されるに至ったのである。

実施の際の留意点

率先垂範は、問題に気づいた人がまず行動を起こす形で始まるのだが、独断専行にならないよう注意しなければならない。福祉職場における直接支援（介護、療育、保育）業務は、複数の職員が一致協力して行うものである。問題解決に率先垂範して取り組む場合であっても、共に働く仲間に影響を及ぼすことが想定されるので、事前に十分な説明を行い、同意を得ることを忘れないようにしなければならない。同意を得たうえで、解決にチャレンジし、無事解決に至れば、他のチームメンバーからの協力も得られやすくなる。チーム全体で、問題解決の果実が共有できるようになる。

5 実現力を発揮する

気づく力を発揮し、解決すべき問題や達成が必要な課題に気づいたら、率先垂範力をフル稼働して、問題解決策や課題達成策を立案し、実行に移していく。その際に、求められるのが、問題解決・課題達成を確実になし遂げていく実現力の発揮である。

率先垂範力の事例ではうまく解決に至ったものを紹介したが、いつもうまくいくとは限らない。どんな業種の職場であっても、問題解決や課題達成は簡単な取り組みではない。どんなに容易にみえる問題や課題であっても、解決や達成に取り組めば、必ずといってよいほど、壁にぶつかる経験をする。完璧にみえるような解決策や達成策を立案したつもりであったのに、いざスタートしてみるとうまくいかず四苦八苦する経験をするケースが少なくない。

問題解決や課題達成に取り組んだ経験がある人であれば誰もが知っている。途中で壁にぶつかるのは、意外なことではない。誰にとっても想定の範囲内だ。容易に予測できる事柄なので、途中で壁にぶつかっても、驚くに値せずという姿勢で問題や課題に臨んでいく。事前に立てた解決策や改善策に対して大きな修正が必要な事態が生じても、焦らないし、慌てないし、動じもしない。忍耐強く事を進めていく。あきらめず、くじけず、投げ出さずといった姿勢を貫いていく。ゆっくりじっくり確実に、最後までやり遂げる姿勢をもって事に当たっていく。

中断が必要なときもある

時には、途中で一定期間、問題解決や課題達成に向けた取り組みを中断せざるを得ない状況に追い込まれることもある。この場合も、落胆する必要はない。計画遂行が中断されただけで、すべてが終わったわけではない。何かに取り組んだがうまくいかず、中断が余儀なくされた。が、しばらくして、再スタートしてみると、特段計画を修正したわけではないのに、スムーズに事が進み、目標が達成できたという例は枚挙に暇《いとま》がない。

だからこそ、こうとらえよう。計画に即して、熱意をもって取り組んでみたが、思うような

成果が出ないケースでは、意識的に一定期間、計画実行を中断して、〝休息期間〟を置くのも賢明な判断だ。何かをやり遂げるために、時を見極める必要が生じる場合がある。あるときに取り組んでうまくいかなかったことを、別の違うときにやってみるとうまくいくというケースが実際には驚くほど多い。**計画中断は、再スタートのための充電期間だ。**あるいは、リフレッシュ期間だ。しばらく時間をおいてから、再スタートすれば、スムーズに進めるようになる。大切なのは、必ず実現できるという思いをもち続けることだ。今はうまくいかなくても、未来永劫、不可能だとは限らない。満を持して取り組めば、光が見えてくることがある。

もちろん、計画どおりに事が進まないときには、計画を見直し修正を試みるというのも選択肢の一つとなる。問題解決への取り組みであれば、問題発生の原因の把握に関して誤りがないか点検する。原因を踏まえたうえでの解決策になっているか、再点検をする。解決策を練るときに、第三者の客観的な意見を入れるという取り組みをしていない場合、客観的な立場から計画の是非について意見が言える人に、アドバイスを請うようにする。このような形で修正を図り、問題解決を確実にやり遂げていくのである。

大事なのは、壁にぶつかったら、それで終わりにしてしまうのではなく、どうすればうまくいくかその方法を模索し続けることである。確実に実現力を発揮する人に向かっ

て歩みを進めることである。

ふた昔前くらいまでは、リーダーシップ論の領域では、信頼されるリーダーになるには、実行力の発揮が大切だと唱えられていた。どのような業種・業界においても、リーダーには実行力が不可欠であると声高に叫ばれていた。はたして、今はどうだろうか。今私たちが生きるこの時代には、実行力が必要ないものとなったと主張するつもりはない。実行力は昔と変わらず、今も発揮が求められる重要な力だ。ただし、今は実行力を超えた力も求められるようになった。実行に留まらず、確実にやり遂げていく実現力の発揮が求められる時代となったのである。

五つの点で実現力を発揮する

福祉の職場でリーダーとしての役割を担っていく場合には、次の五点において、実現力の発揮が求められることになる。

①日々の業務を、些細なものも含めて、確実にやり遂げていく（創意工夫をして、より高いレベルで確実にやり遂げていく）。
②職場内に山積する問題の解決や課題の達成を確実にやり遂げていく。
③利用者本位サービスの理念に即した業務を確実にやり遂げていく。

④インクルージョン、エンパワメント、アドボカシーなどの実践理念を行動に移し実現へと導いていく。
⑤常に成長し続ける職場環境を造り上げるために、職場風土（職場内で共有されている物のとらえ方や考え方、業務手順の方法など）の刷新をやり遂げていく。

実現力を発揮し、問題解決や課題達成が確実にやり遂げられるようになると、福祉職員としては言うまでもなく、リーダーとしての自信が深められるようになる。働く喜びも心の底から強く感じられるようになる。達成感を抱きながら、日々の業務に勤しめるようになる。こうした状況になれば、逆境に屈せずに立ち向かう逆境対応力も身につくようになる。業務のなかで強いストレスにさらされ、一時的に力を失うような経験をしたとしても、立ち直りが容易になるレジリエンス（立ち直る力）が身につけられるようになる。

実現力が発揮できるようになれば、他の職員から厚い信頼が寄せられるようになる。問題解決や課題達成は言うに及ばず、どのような業務も確実にやり遂げるという実績を積み重ねていけば、他の職員からの評価は右肩上がりに高まっていく。揺るぎない信頼が寄せられるようになる。信頼できる職員として広く認知されるようになる。

実現力を発揮すると、他の職員の心に希望の灯をともせるようにもなる。やり遂げる姿勢を目の当たりにすることによって、「やればできる」という希望が心の中に生じるからだ。どのように問題解決にチャレンジすればよいのか、課題達成に取り組めばよいのか、身近なところにいる職員から、その方法を学ぶことができる。よい手本を自分の目で見ることによって、「私も取り組める」「チャレンジできる」という希望が抱けるようになる。ポジティブな思いをもって、問題や課題に向き合えるようになる。

安心感をもたらす作用

実現力には、他の職員に安心感をもたらす効用もある。困難に立ち向かい、問題を解決する姿勢を明確に示す人を間近なところで見ることによって、「この職員がいれば、うちの職場は大丈夫だ。必ず成長する。どんなに困難な問題があっても必ず解決へと導いてくれる」という安心感がもてるようになる。実績に乏しい職員が、上司からある問題の解決について中心メンバーとして取り組むようにとの指示を受けたとしても、身近なところに実現力を発揮する職員がいれば、「この職員のやり方を真似すれば大丈夫」「わからないことがあれば、この職員に聞けば大丈夫。必ず助けてもらえる」という安心感をもって向き合える。未知の業務に圧倒されることなく、穏やかな心持ちで、任された業務に取り組めるようになる。安心感をもってチャレンジすれば、もてる力が存分に発揮できる。落ち着いて物事に取り組めるので、やり遂げる可能性が高くなる。成功体験が積み重ねられるようになり、自分に対する確固たる自信が抱けるようになる。

実現力がもたらす波及効果

実現力が、職場全体にもたらす波及効果は絶大だ。一人の職員の実現力の発揮がともに働く職員の心に、自信と希望と安心感をもたらすようになる。困難に立ち向かい、解決に向けて行動する、勇気あふれる姿勢が示せるようになる。問題解決や課題達成に貢献するという経験を積み重ねれば、その職員も実現力を発揮する職員になることができる。他の職員に自信と希望と安心感をもたらす職員になることができるようになる。気がつけば、多くの職員が実現力を発揮できる状況が出来上がっていく。人が育つ職場が造られていくのである。

大切なポイントなので、あえて強調しよう。こうした状況は、みんな一緒に「よーい、どん」で始まることはない。常に、一人の職員の行動から始まる。その一人になるのは誰だろうか。あなたの周りにいる他の職員ではない。本書を手にしているあなただ。実現力発揮の起点になることが、福祉の職場で働く私たち一人ひとりに求められているのである。

6 納得力を示す

説得ではなく納得で人を導く

納得力とは、人を説得ではなく、納得によってあるべき方向へと導く力を指す。納得力をベースとした、他者への働きかけは、安心感に根ざした対話の機会をもたらす。安心して話が聞け、自分の意見が遠慮なく落ち着いて言える対話の環境を生み出していく。福祉職員は納得力を身につけ、誰に対しても、対等で落ち着いて話し合いができる適切なコミュニケーション関係を築ける人にならなければならない。

納得力の対極に位置するのが、説得力だ。傾聴をコミュニケーションの基盤とする福祉職員は、説得力を行使するという罠に陥らぬよう気をつけなければならない。納得力は、相手を心の底から大切にするとの思いから示されるものである。相手のものの見方、考え方、価値観などを、最大限尊重した相手本位のアプローチである。説得力を発揮する際に、重きが置かれるのは相手ではない。自分自身である。どうすれば自分の意見、思い、考え、価値観に根ざした見解などを相手に伝え、説得することができるか、が重視される。どうすれば、相手を説き伏せ、自分の意見、考え、提案に従わせることができるかに重きが置かれる。

相手の思いに心を寄せる

納得力を示す場合、重視されるのは、相手の思いに心を寄せることである。相手本位の思いやりあふれる姿勢が根底に置かれる。他方、説得力の場合は、自分本位の考え方が根底に置かれる。「常に自分は正しい」「相手の意見など聴かなくてもどうすればいいかわかっている」「何でもわかっている私が説明するのだから、相手は私の説明に対して『はい、わかりました』と答えればいいのだ」という姿勢で相手に向き合う。万が一、相手が自分の意に沿わない形で意思表示した場合は、あらゆる手段や方法を用いて説得にかかり、自分の意見に同意するよう働きかける。イエスと答えるだけの「イエス・パーソン」になることを要求する。

それでも相手が自分の意見に同意しない場合は、感情的になり、口調があからさまに強くなったり、きつくなったりする。とげとげしい態度を示したり、冷淡な態度を示したりする場合もある。ちょっとした仕草に、苛立ちや怒りなどのネガティブな感情が表されるようになる。人の心は敏感だ。こうした態度を示されると、多くの人は萎縮する。自分の意見が示せなくなる。相手の顔色を窺うことを余儀なくされるようになる。ネガティブな感情を露わにしながら、人を説得しようとする人に抗《あらが》うのは容易でない。不安や恐怖感から逃れるために、「イエス・パーソン」を演じるようになる。対等で自由なコミュニケーション関係がもてなくなってしまう。説得力で相手を組み伏せようとする人に対しては、恐怖感と不安感と不信感と失望感しか抱けない状況に追い込まれてしまうのである。

自分の姿勢を振り返る

ところで、あなたはどうだろうか。他者と向き合うとき、どのような姿勢でアプローチしているだろうか。納得力をベースとした対等で自由な関係構築に努めているだろうか。それとも、力で相手を組み伏せ自分の考えに従わせる、説得力をベースとした強権的かつ高圧的アプローチになっていないだろうか。万が一、説得力をベースとして姿勢を示している場合は、コミュニケーションのベースを自分ではなく、相手に置くことから行動を開始しなければならない。相手にとって、どのような向き合い方・態度・姿勢等で働きかけるのが安心感の向上につながるのか、どのような口調で話をすれば心地よいと実感してもらえるようになるのか、何かを説明するときどのような工夫をすればわかりやすくなるか、どのような形で接すれば「自由に発言してよいのだ」と実感してもらえるようになるか、等といった点に留意しながら、コミュニケーションを図るようにする。

説得力からの脱却を図り、納得力の習得を目指すのであれば、これまで本章のなかで紹介した力が身についているか、点検し振り返ることも大切だ。気づく力、率先垂範力、実現力が確実に身についていれば、説得モードで相手と相対する必要はなくなる。これまでの職務経験のなかで、さまざまな問題に気づき、率先垂範して、問題解決や課題達成に取り組み、確実にやり遂げてきた。それが実感できる状態にあれば、日々の業務に自信をもって勤しむことができる。困難に直面しても冷静に落ち着いて対処できる。共に働く職員から、どう見られているか、心配する必要もない。実績を積み上げてきたという自信があるので、他者からの評価がどうなっているかを気にしない自分になれる。他者が自分のことを信頼していないのではないかという不安感がないので、落ち着いて他者と向き合える。職場内にある問題や課題について、人と話をする際も、落ち着いて話ができる。自分の思いを伝えようとするときは、説得モードではなく、納得モードで話ができるようになる。納得モードで話しかければ、相手も心穏やかに、落ち着いて、話が聞けるようになる。業務面では、負担感が増すような提案がなされたとしても、冷静に受け止められるようになる。

納得力の発揮には実績が不可欠

納得モードで話す人が相手を納得へと導ける理由は、話すときのスタンスや話し方が適切であるからだけではない。それらと同じくらい重要なのは、話し手が積み上げてきた実績にある。気づく力を発揮し、率先垂範して問題解決や課題達成に取り組み、確実にやり遂げてきたという実績があるので、相手を納得へと導くことができるのだ。話に耳を傾ける相手の立場からいえば、今、目の前で話してくれているこの職員は、さまざまなことをやり遂げてきた人で、心から信頼できるという認識をもって話が聞ける。さまざまなことにチャレンジして職場をよい状態に導き、自分たちに希望を与える人だという認識で向き合える。同時に、口先だけではなく、必ず確実に困難なことをやり遂げてくれて、心に安心感をもたらしてくれるという思いをもって、話に耳を傾けることができる。

つまり、気づく力、率先垂範力、実現力の発揮が、納得力の発揮につながっていくのである。これら四つの力を確実に習得し発揮できるようになることがリーダーシップを発揮する人には求められているのである。

第 3 章

応答力を発揮する

1 コミュニケーション・スキルに関する本当の学びはいつ始まるのか

実践経験を経た今だからこそ改めて学び直す

他者とよい人間関係を築くにはコミュニケーション・スキルを磨かなければならない。どのような表情や態度で向き合えば話しやすいか、どのような聞き方をすれば相手がリラックスして自分の思いを語ることができるか、相手の話に対してどのような受け答えをすれば心の底に秘めた思いなどを引き出すことができるか、どのような手順や方法で問いを投げかければスムーズに相手の状況が把握できるか、怒りや苛立ち、不安などの状況にある人に対してどのような向き合い方をすれば落ち着いて意見交換ができるようになるか、等といった点について、ある一定期間、社会福祉の現場で実践経験を積み重ねてきた今だからこそ、改めて学び直すことが必要となる。

コミュニケーション・スキルに関するテキストは、実践経験がなかったり、乏しかったりする状況のなかで読んでも、〝机上の空論〟で終わりやすい。どんなに具体的にわかりやすく書いてあったとしても、実体験があるかないかによって、理解の度合いが大きく違ってくる。すでに社会福祉の現場で働いた経験があれば、コミュニケーション・スキルに関するテキストを、自分の経験と照らし合わせながら、読み進められる。テキストに職員（ワーカー）と利用者（クライエント）の会話が事例として書いてある場合、自分が実際に経験した場面を思い浮かべながら読み進められる。テキストに示された会話の事例を目で追いながら、「あの場面でこのような姿勢で向き合えば、相手はもっとリラックスして話せていたかもしれない」

「ああいう状況では、ここに書いてあるようなアプローチをすれば、もっと深く、相手の気持ちを聞き取れたに違いない」

などと、自分の経験と照合しながら学びを深めることができる。


実際の経験を踏まえたうえでコミュニケーション・スキルを学び直せば、どのような技術や手法をどのような場面でどのように活かしていくのかが、明確に学べる。「この技術を認知症のある利用者への支援の場面で用いよう」「この手法を後輩職員の指導の際に用いよう」「ここに紹介されているコミュニケーション・スキルを上司との意見交換の際に用いよう」などと、どの場面でどう使うかが頭の中で明確にイメージできる。日々の業務場面のなかで、すぐに活用できるようになる。

本当の学びは、現場に足を踏み込んだときから始まる

だからこそ、強調しておこう。コミュニケーション・スキルに関する本当の学びは、福祉の

職場で経験を積み始めてから始まる。社会福祉関連の教育課程を終えれば、学びの旅が終わるのではない。教育課程の修了と同時に、国家資格を取得したら、学ぶ必要がなくなるのではない。

実際に働き始めれば、コミュニケーション・スキルという点で、自分に何が足りないのかピンポイントでわかるようになる。「できるだろう」と思っていたことができないことに気づける。「わかっている」と思っていたスキルが理解不足の状況にあったことに気づける。「足りないこと」「不十分な状態にあること」に関する気づきが学びへの強い渇望感を生み出す。現場のなかで確実に実践できるコミュニケーション・スキル取得に向けた、本当の旅が始まるのだ。

現場で働いているのに、コミュニケーション・スキルに関する学びを今この時点でしていない人がいるとしたら、強く推奨したい。すぐに学びに着手しよう。社会福祉の教育課程を修了した人の場合は、学生時代に目を通した面接技術に関する書籍を開いて、読み進めることをお勧めする。明日からの現場実践にすぐに活用できるスキルが多数記載されていることに気づけるはずだ。学生時代にはわかったつもりで読んでいたが、実際にはうまく活用できていなかったスキルにも気づけるはずだ。社会福祉の世界で働き始める前に、自主的に福祉に関する勉強をした人も、そのときに読んでいたコミュニケーション・スキルに関するテキストがあれば、もう一度、学び直すようにしよう。コミュニケーション・スキルを確実に高めるヒントが数多く書いてあることに気づけるであろう。

2 応答力に磨きをかける

コミュニケーション・スキルの習得に欠かせないもの

わが国で刊行されているコミュニケーション・スキルに関する書籍に関しては、一点だけ、重要なポイントを指摘しなければならない。人とよい関係を築くうえで、不可欠な要素が明確な形で記載されていないことがある。話し手と聞き手とのやりとりに関して、事例などを紹介してわかりやすく書いてある良書がたくさんあるが、そこにコミュニケーション力向上に必須のものが記載されていない。それは、応答力である。

応答力とは、他者の自分に対する働きかけ、態度、姿勢、話しかけ、言葉等に適切かつ的確に応答していく力である。この力は、適切なコミュニケーション・スキルを身につけるうえで欠かせないものだ。同時に、他者から信頼される職員となるのに欠かせない力となる。

応答力を正しく理解するためには、反応と応答の違いについて理解を深める必要がある。他者と信頼関係がうまく築けない人は、多くの場合、反応と応答について理解不足の状態にある。反応をベースとしたコミュニケーションは相手に不安を与えるものになり、不信感をもたらすものになりやすい。他方、応答をベースとしたコミュニケーションは相互理解、信頼関係の構築に資するものとなる。この違いを理解したうえで、実際に、適切に相手に応答するためには、どうすればよいか、その具体的な方法について、学びを深めなければならない。

反応と応答の違いを正しく理解する

しかしながら、実際に福祉現場で働く人のなかで、この違いについて、十分に理解している人は必ずしも多くない。あなたの場合はどうだろうか。反応と応答の違いを理解したうえで、他者とコミュニケーションをとっているだろうか。もし理解不足の状態にあるとすれば、知らず知らずのうちに、他者が自分に投げかけてくる言葉や他者が示す行動・態度に対して、心が反応する状態にあるかもしれない。誰かと向き合うとき、次のような形で、心が反応しやすい人の行動パターンに陥っている可能性が高くなる。

心が反応しやすい人の行動パターン

①誰かと話しているとき、相手が話したことについて、すぐに反応しないと何となく落ち着かない（相手が話しかけてくると、間髪を入れず、自分も話し始める傾向がある。相手の話しかけに対して、静かにゆったりとした形で話を聞くのが苦手である）

②他者のちょっとした態度、姿勢、動作、仕草、言動などを、ネガティブにとらえてしまうことがよくある（相手の仕草を自分に対してのネガティブな意思表示ととらえることがある）

③一対一で誰かと話をする場面を振り返ってみると、相手が話をする時間よりも、自分が話を

している時間が明らかに多い

　この傾向からわかるとおり、**他者の言動に反応しやすい人**は、**①相手の言動に即座に心が反応する**（即座に反応しないと気が済まない）、**②他者の言動をネガティブにとらえる**（自分に対するネガティブな思いを反映しているのではないかと不安感をもってとらえる）、**③会話の場面を無意識のうちに支配しようとする**（他者の話が落ち着いて聞けず、自分ばかりが話をしてしまう）、といった特徴を示す。この特徴について、「自分は当てはまらない」と思ったとしても油断禁物だ。心が反応しやすい人は自己覚知が不得意であるとの特徴もある。実は、これらの三つの特徴が自分に当てはまっているにもかかわらず、「当てはまらない」と思い込んでしまうこともある。よって、他者の視点に立ったうえで、自分を見つめ直すことが必要だ。他者の視点から見たとき、「私は三つの行動パターンを示しているように見えないか」と確認することをお勧めする。

関係の近い人ほど心が反応しやすくなる

　注目すべきは、心が反応しやすい人の行動パターンは、関係の近い人とのかかわりにおいて顕著になりやすいという点だ。親子、配偶者、パートナー、きょうだい、同じクラスの仲間、同じサークル（部活動）の仲間、同じ部署で働く職場の同僚、直属の上司、直属の部下、自分が働く部署に新たに異動してきた職員、新たに採用された職員で自分が働く部署に配属された人、などとの間で生じやすいという特徴がある。

関係が近い人の間には、家族愛、友情、信頼感などポジティブな思いに根ざした関係が築ける場合がある。他方、それとは全く反対のネガティブな思い（嫌悪、憎悪、嫉妬、不信感、怒り、苛立ちなど）に根ざした関係になる場合もある。関係が後者の状況になった場合、心が反応しやすくなる。関係が近ければ近いほど、心が反応しやすくなる。家族内でいえば、配偶者やパートナーのちょっとした仕草にも心が反応し、苛立ってしまう。子どものなにげない態度に過敏に反応し、責め立てるような言葉を浴びせてしまう。親のちょっとした一言に対して、苛立ちを感じてしまう。職場の場合は、上司や部下の仕草や表情に心が反応し、嫌悪感を表す言動を示すようになる。新任職員の行動に心が反応し、やる気がないと責め立てるような言動を吐き、傷つけてしまうなどといった状況が生まれやすくなる。

3　応答力がある人の行動パターン

さて、あなたはどうだろうか。福祉職員として接するすべての人に対して、どう接しているだろうか。反応をベースとしたものになっているだろうか。それとも、応答をベースとしたものとなっているだろうか。うまく応答できているか、できていないかの違いは、適切に応答できる人の特徴から学ぶことができる。あなたが次のような傾向を示すことができていれば、高い応答力を有する状態にあると判断できる。

①相手の発言に対して、落ち着いてゆったりとした姿勢で耳を傾けられる
（相手の行動を冷静に見守ることができる）
②相手の意図を理解するまで、ゆったりと話を聞ききる態度を示す
（相手が話しきるまで、じっくりと話を聞く姿勢を示す）
③相手の言動をありのままに受け止める
（ありのままに受け止めたうえで、その意図を学ぶという姿勢を示す）
④相手に対して自分が抱く感情に振り回されない
（ネガティブな感情をもったとしても、その感情に支配されない姿勢を貫く）

これらの四つのポイントは応答力を身につけるための重要なヒントを含むものであるので、詳細に説明させていただく。

4 落ち着いて冷静に相手の話に耳を傾ける

これは、相手の発言や言動等を落ち着いて冷静に受け止める態度を指すものだ。心が反応しやすい人は、発言を耳にしたり、言動に接したりすると、すぐに心が反応する。相手の口調がやや強かったり、責めるかのような態度を示したりする場合には、反応の度合いは強くなる。ネガティブモードで相手の言動をとらえてしまい、それが反応として、表情、態度、姿勢、言葉として、表出する。具体的には、顔をしかめる、苛立った態度を示す、不快感を露わにした表情を示すなど、ネガティブな反応を相手に対して示すようになる。

適切に応答する人は、ゆっくりじっくり相手の発言を両手でやさしく包み込むかのように受け止める姿勢を示す。柔和で、穏やかに、落ち着いた、ゆったりとした態度を貫き通す。冷静で落ち着き払った応答を受けると、気持ちが高ぶり興奮気味に話していた相手も冷静さを取り戻しやすくなる。落ち着き払った態度が示せるようになる。

5 聞きる人になる

ゆったりと話を聞ききる姿勢は、傾聴を行動として表すものである。傾聴は、漢字の組み合わせが、「傾けて聴く」となっているので、多くの人が「耳を傾けて聞く姿勢を示すこと」と理解している。このとらえ方は間違いではない。が、傾聴の本質を正しく表しているとはいえない。傾けるべきは耳だけではない。心も傾けなければならない。心は人間にとって、最も大切なものだ。それを差し出すという思いで、相手に向き合っていく。これが傾聴の心である。そして、傾聴を実際に行動として示すのが〝聞ききる〟ことだ。単に聞くのではない。〝聞ききる〟のだ。相手と向き合い、話をするとき、相手の話を最後の最後まで聞ききるというスタンスを示し続ける。まだ十分に相手が話し終えていない段階で、こちら側が話を始めると、相手は話を途中で端折られたという印象を受ける。そうなると、「もっと話したかったのに途中で端折られた」という満たされない思いが、相手の心の中に、くすぶるようになる。寄り添ってもらっていると実感できなくなる。大切にされているとも感じられなくなる。自分の存在が軽んじられたかのような印象を受けやすくなる。だからこそ、最後の最後まで聞ききるという姿勢が求められるのである。

こうした姿勢は、利用者に対しては言うまでもなく、職員とのコミュニケーションの際にも、しっかりと貫かなければならない。特に気をつけなければならないのは、他の職員から相談を受ける場面だ。業務遂行面でうまくいかないこと、支援の面でうまくいかないこと、利用者との関係づくりについてうまくいかないこと、あるいは、職員間の人間関係についても悩みなどを聞く際に、無意識のうちにミスを犯してしまうことがある。それは、十分に聞ききらずに、アドバイスをしてしまうというミスだ。

相談を寄せてくる職員が求めていること

上司や先輩などに相談を寄せてくる職員は、何を求めて彼らのもとに来るのだろうか。問題解決に向けたアドバイスこそが彼らが一番に求めているものであるかのようにみえるが、必ずしもそうではない。**相談を寄せてくる人が最も欲しているのは、話を聞いてもらうことである。聞ききってもらうことだ。**

ところが、相談を受ける立場の職員は、そのようなとらえ方をしない。傾聴の大切さはわかっているが、話を聞き始めると、いかにして相手が満足してくれるような回答をするかということに心が奪われる。相手に喜んでもらえるような回答を示したいとの思いで心がいっぱいになる。こうした思いで心がいっぱいになると、ミスを犯してしまうのだ。相手がまだ十分に自分の思いを語りきっていないのに、解決に向けたアドバイスを示すとの名目で、話し始めてしまう。相手に「いいアドバイスをもらえた」「話に来てよかった」という印象をもってもらいたいという思いが強くあるため、話し始めたら止まらなくなる。相手が自分のアドバイスを聞いて納得してくれた、満足してくれたという確信がもてるまで延々としゃべり続けてしまう。あとで、どれくらいの割合で話をしていたかを振り返ってみると、相談に来た人が話している割合が三割程度。相談を聞く立場にある人が話している割合が七割に及ぶというケースも決して珍しくない。

こうした現実は何を意味するのか。話を聞いてもらいたくて、相談に来た人のしゃべる割合が最小限に留められ、相談を受け話を聞く側だった人のしゃべる割合が圧倒的に多くなったという状況が発生したことを物語っているのである。

このような形で相談の場面が終了を迎えれば、相談に来た職員の心は「聞いてもらえなかった」という気持ちでいっぱいになる。話を聞いてもらい、苦しみや悩みの状況にあることを知ってもらい、共感してもらいたくて、話をしに来たのに、まだ話しきらないところで、話し手としての主導権が相手に奪われてしまった。途中からは、自分は話をする側あるいは自分の思いを聞いてもらう側ではなく、相手の話を延々と聞かされる立場に置かれてしまった。話を聞ききったのは、相手ではなく、自分になってしまった。相談に来た人の立場から言えば、自分の思いを吐ききらないままで面談終了となった。心は満たされず、不完全燃焼感でいっぱいになった。話を聞いてもらいたくて相談に来た職員は、ほとんど何も聞いてもらえなかったという不満感が募るだけの面談となってしまうのである。

相手の話に耳を傾ける姿勢を貫く

相談を受ける立場になったとき、その人が、立ち返らなければならないのは、支援の奥義にあたるものだ。それは、具体的に解決策を提示するのではなく、相手の話に徹底して耳を傾ける姿勢を貫くことが最も実効性の高く有益な支援となる、というものだ。

問題に直面する人は、よい聴き手がいてくれて、自分の思いを語るだけ語ることができれば、その過程のなかで、ぶつかっている問題がどのような問題なのか、客観的に自分でとらえ直しができるようになる。思いを誰かに語るという取り組みを通して、自分自身でその本質が把握できるようになる。問題の本質が見えてくると、解決に向けた取り組みも自分で考えられるようになる。「このような取り組みに着手しよう」と具体的なアプローチがみえてくるようになる。「私、この問題をこのようにとらえています」「私、この問題に対してこういうふうに解決していこうと思っているんです」との話が出てきたとき、相談を受けていた人が応答という形で話をする出番が到来する。問題に対する本人のとらえ方についてコメントしたり、本人が提案した解決策がさらに実効性の高いものとなるようアドバイスしたりすればよい。

とことん相手の話を聞ききる最高の聴き手こそ、最高のアドバイザーだ。最高の聴き手こそ、問題解決の支援者だ。相談を寄せる人にとって、頼りがいのある最良の存在となる。リーダーシップを発揮する人にはそのような存在になることが求められているのである。

6 ありのままに相手の思いを受け止める

ありのままに受け止めるのは容易ではない

人の行動をありのままに受け止めるのは、よい支援を行ううえでの基本原則だということは、社会福祉領域で働く人であれば誰もが知っている。職員との信頼関係の構築においても、最も重要な基本原則の一つだということについても、異論を唱える人は皆無であろう。

誰もが知っている基本原則であるが、実際に、この原則に根ざした行動に徹するのは容易ではない。人には、自分の価値観や経験則等で物事を判断するという思考特性がある。この特性は、油断すると、暴走しやすい。人の言動をありのままに受け止めようとせず、即座に「よい」「悪い」と、判断してしまう。本人は正しい価値観や十分な人生経験のなかで培った経験則に基づいて判断していると思い込んでいるが、実際にはそうではない。自分の思い込みでとらえたこと、自分の限られた経験のなかで学んだことを絶対的な真理と決め込み、それをベースにして、善悪の判断を下しているだけの話である。危うい個人的な思いをもって、「よい」「悪い」が判断されているので、必ずしも、正しく事実を精査したものにはなっていない。事実誤認による判断となっている場合が少なくない。

さらに大きな問題は、「よい」「悪い」との判断を行ったとき、感情が心の中に芽生え、その感情に、その後の言動が支配されるという点である。本人は気づいていないが、「よい」と判断した言動については、無意識のうちに、ポジティブな感情が心の中に浮かんでくる。「よい」と判断した言動を示す人に対しては、無意識のうちに、温かい、思いやりある態度や姿勢、眼差し、言葉などが示されるようになる。誰かの言動を「悪い」(よくないもの、望ましくないもの)と判断したときには、ネガティブな感情が心を席巻するようになる。ネガティブな感情はネガティブな言動を生み出す要因となる。冷淡な態度、思いやりに欠けた態度、リスペクトに欠けた態度、不適切な言動を相手に示すようになる。

注目すべきは、たとえ福祉の現場で働いたとしても、無自覚なままに、こうした特性を身につけてしまっているケースがあるという点だ。ポジティブな感情を抱く人は仲間として受け入れるが、ネガティブな感情でとらえてしまった人には、攻撃の対象としたり、無関心という手段で相手を心理的に追い込んでしまったりする。人を批判したり、責めたり、裁いたりするかのような言動に走ってしまう。福祉職員はサポートする人であるはずなのに、〝裁き人〟になってしまうという事態が発生する。

周りにいる人に安心感をもたらす信頼される福祉職員になるためには、裁く姿勢との決別を確実に図らなければならない。他者と向き合うときには裁くような姿勢や悪いところ探しをするかのような姿勢ではなく、ありのままに受け止めるという姿勢を貫くと固く心に誓う必要がある。人は誰もが完璧ではない。誰もがよいところもあれば、欠点と思われる部分、不十分と思われる部分もある。欠点の部分は何らかの判断を下そうという視点でとらえるのではなく、ありのままの事実としてとらえる。この人にはこうしたところがある、こうした特徴がある、などとありのままにとらえる。改めるべき部分がある場合には、状況を的確に把握したうえで、適切な手段と方法を用いて、改めるよう働きかけていく。相手の行動に対して、「よい」「悪い」という観点から判断を加えようとすると、必ずといってよいほど、マイナスの感情が頭をもたげるようになる。その感情に心が支配されると、相手への言動がきつくなったり、責めたて、追いつめたりするようなアプローチになる。そのような姿勢が示されると相手は心を閉ざす。結果的に行動が改められずに終わってしまう。人間関係にも修復しがたい大きな亀裂が生じてしまいやすい。そうした事態の発生を避けるためには、裁く姿勢を固い決意をもって手放すことが必要になる。

では、一体、どうすれば、裁く姿勢を手放せるようになるのだろうか。そのヒントはマザー・テレサから学ぶことができる。マザー・テレサの主張は一貫している。長年にわたり、愛は与えることだと訴え続けてきた。そのうえで「理解する愛」の重要性を唱えている。[*1] 人間誰もが有する弱さ、不完全さ、不十分な部分、未完成な部分、不適切だと思われる部分も含めて、その人を理解し、愛の眼差しをもって受け止めることの重要さを主張している。同時に、困難に直面する人に対する行いに、「どれだけの愛を注いだかが問われます」とのメッセージ

を私たちに投げかけている。

はたして私たちはどうだろうか。マザー・テレサが言うところの「理解する愛」を人に示しているだろうか。誰もがもつ弱さや不完全さという部分にマイナスのレッテルを貼り、遠ざけるのではなく、やさしく受け止めて、受け入れる姿勢を示しているだろうか。ありのままのその人を、〝与える愛〟で包み込むことをしているだろうか。もし、それができていないのであれば、今から始めなければならない。

不十分なところがあっても見放されないという確信がもてれば、人は、自分の欠点にも冷静に向き合えるようになる。自発的に修正に向けて行動が起こせるようになる。自分で解決することが困難な場合には、「理解する愛」をもって接する人のもとに自分から出向き、相談することができるようになる。

7 感情に振り回されない

感情を完全制圧しようとしない

人は誰もが感情をもっている。感情は自分を取り巻く人や状況などに対して向けられるものであり、快・不快、怒り、喜び、悲しみ、驚き、憤り、などが感情の代表的なものといえる。

周りにいる人、周りにあるもの、あるいは、自分の置かれた状況などに向けられる感情は、自動発生的な特徴をもつものであり、完全にコントロールできない。すべての出来事に対して、ポジティブな感情だけを抱くようにしようとしてもうまくいかない。何が起ころうとも、怒り、悲しみ、憤り、不快などのネガティブな感情を絶対にもたないと決意したとしても、完全制圧は不可能だ。悲しい出来事があれば、人は悲しみのうちに涙する。自分の権利が不当に奪われたり、大切な人が苦しむ状況に遭遇したりすれば、心は大きく動揺する。怒り、憤りなどの感情がわき出ることを制御できない。

感情に振り回されない人になるための第一歩は、感情の発生は完全制圧できないとの事実を受け止めるところから始まる。なぜ、そこから始める必要があるのか。それは、感情を心の中から完全排除しようとすると、その感情にますますとらわれてしまい、振り回されやすくなるからだ。それがとりわけ顕著になるのがネガティブな感情である。他者に対する嫌悪感、苦手意識、怒り、苛立ちなどの感情を完全制圧や完全排除の姿勢で相対しようとすると、かえって、その思いが心から離れなくなってしまう。ネガティブな感情が心に浮かぶたびに、そのような感情が浮かんだことで、自分を責めるようになる。自己否定や自己批判に走るようになる。「どうして私は怒りっぽいんだろう」「どうして私はこの人に対する嫌いだという感情が取り除けないんだろう」といった感じで自分を責め始めるのだ。

ネガティブな感情の制圧と排除を目指す人は、ポジティブな感情に置き換えようとする取り組みに着手するケースもある。これは、嫌いな人を好きになろうとしたり、苦手な人を苦手ではないというとらえ方をしようとしたりする試みだ。この場合もよい結果が生じることはほとんどない。むしろ逆効果で、嫌いだという感情や苦手だという感情がますます強化されてしまう。「嫌いだと思ってはいけないのだ」と念じれば念じるほど、その思いが強化される。心から離れなくなってしまう。「苦手だと思ってはいけないのだ」と思えば思うほど、その思いが強くなってしまう。心の奥底により深く根付いてしまう。こうした経験を繰り返すと、失望感に苛《さいな》まれるようになる。「何をやってもダメだ」と自信喪失の状態に陥ってしまう。

感情は制御できないが、その後の行動はコントロールできる

こうした事態を避けるには、どうすればよいか。最も有効なのは、誰かに対して、ネガティブな感情を抱いている状況にある自分をありのままに受け入れるという方法である。自分を責めたり、批判したり、否定したりせず、今そのネガティブな感情を抱いている状況にあることを素直に認めるようにする。例えば、「私は○○さんに対して苦手意識をもっている」「○○さんの顔を見ると、気持ちが萎縮する」「○○さんの近くで働くと緊張感に苛まれる」などと

いった具合に、どのような感情を抱いているか、ありのままに認めるようにする。

重要なのは、その後の決意であり、心がけだ。私たち人間は、自分の周りにいる人に対して、ある感情を抱くことを制御できない。ある人を見たり接したりすると、心がポジティブな感情で満たされるが、ある人と接すると不安感に苛まれたり、心が萎縮したりするなどネガティブな感情を抱くことがある。この部分については、制御はできないとしても、その後の**行動はコントロール可能だ。**その際も完璧である必要はない。できるところまでで構わない。たとえ、**ネガティブな感情を抱く人であっても、その人に対する言動をポジティブなものにする。やさしさに満ちたものにする。**親切さ、思いやり、心配り、誠意、誠実など、ポジティブな言動を示すように心がけていく。

最初はしっくりいかないかもしれない。うまく親切な言動、思いやりあふれる態度は示せないかもしれない。でも、心配する必要はない。うまくできることが目的ではない。親切、思いやりなどを行動で示す人になることが目的である。それを少しでも示せれば、目的は達成している。その姿勢を示したという時点でもうすでに十分にやり遂げているのだ。

ポジティブな姿勢がもたらすもの

そのような姿勢を継続していけば、やがて、自然な形でポジティブな姿勢が示せるようになる。そして、しばらくすると、自分の内面の変化にも気づけるだろう。**ネガティブな感情を抱**

く人に対して、親切でやさしく、思いやりある言動を示すようになると、穏やかな心の状態が維持しやすくなる。ネガティブな感情によって、自分の心が振り回されたり、不安感でいっぱいになったりする状態から解放されるようになる。

ネガティブな感情に振り回されず、親切でやさしく、思いやりに満ち満ちた言動が示せるようになると、思わぬ出来事が生じる場合もある。かつては攻撃的言動あるいは不快感をもたらすような態度を示していた相手が、やさしさをベースにした働きかけをするようになるという事態の発生である。必ずそうなると断言はできない。が、そうなる可能性は高くなる。人は本能的に自分に対して親切さを示す人、やさしさを示す人、思いやりや慈愛に満ちた働きかけをする人には攻撃が仕掛けられなくなる。相手にしてもらった親切さ、やさしさ、思いやり、慈愛などを相手にフィードバックしたいとの気持ちが知らず知らずのうちに心の中に生じるようになるのである。

〔引用文献〕
1　マザー・テレサ、ブライアン・コロディィエチュックMC編、里見貞代訳『愛のあるところ、神はそこにおられる』女子パウロ会、五六頁、二〇一八年

第 4 章

「利用者の権利」サポート力を発揮する

1 どのような権利を守るのか理解がなければ権利を守る人になれない

権利を守る人になるために必要なこと

利用者の権利を守ることは、福祉の職場で働くすべての人の重要な使命の一つである。職種、職階、雇用形態は問わない。直接支援の部門で働く職員も、事務等の間接支援部門で働く職員も、医療・看護・リハビリ領域や食事・栄養部門で働く職員も、それぞれ利用者の権利保障に向けた行動を起こすことが求められている。

この点については、福祉領域で働く人であれば、誰もが理解している。職員研修や業務指導などの依頼を受けて、福祉の職場を訪ねて、「職員として働く皆さんの役割は何ですか。重要だと思うものを三つあげてください」と問いかけると、多くの人が、重要な役割の一つとして、「利用者の権利を守ること」と答える。

こうした返答からは、権利擁護や権利保障に向けた意識の高さが伝わってくる。が、手放しでは喜べない。権利を守るという思いが意識のレベルに留まっているケースが多いからだ。権利を守ることが使命だとの回答を寄せた人たちに、「利用者の権利を守るために、日頃、何を心がけていますか」「どのようなことに取り組んでいますか」という質問を投げかけても、明確な答えが返ってこないケースが少なくないからである。

なぜ、権利を守るという意識はあるのに、明確な行動を起こせていないのであろうか。理由を説明するのは難しくない。具体的にどのような権利を守るために働いているのか理解していないためである。

権利についての理解がないために、日々の業務のなかのどのような場面で、どういうふうに、利用者の権利を守っていくかという方針が明確にできない。権利を守るための行動が示せなくなっていたのである。

権利侵害の撲滅に向けて行動を起こす

こうした事態は早急に改めていかなければならない。**具体的にどのような権利を守る必要があるのかを理解していなければ、権利侵害発生リスクが格段に高まる。**どんなに意識が高く真面目な性格の人であっても、知らない権利は守れない。いや、知らないからこそ、利用者の権利を守る立場にある福祉職員が、無意識あるいは無自覚のうちに権利侵害行為に手を染めてしまうこともある。実際に、福祉現場のなかで発生した権利侵害行為を調べてみると、権利に関する無理解が原因であるケースが少なくない。

権利侵害行為を撲滅するためには、権利行使の主体者である利用者の権利を守っていく力、すなわち、「利用者の権利」サポート力を身につける必要がある。そのための第一歩が、利用者の権利への理解である。具体的にどのような権利を守るために働いているのかを理解することから、利用者の権利をサービス提供の最前線で確実に守っていくための歩みが始まるのだ。権利侵害抑制に向けた力の習得につながるのである。

すべての福祉職員が保障に向けて、日々の業務のなかで確実に行動を起こさなければならない権利は次のように整理できる。

1　質の高いサービス提供を受ける権利
2　個別ニードに基づく支援を受ける権利
3　知る権利（必要な情報をわかりやすく丁寧に提供してもらう権利）
4　自己決定・自己選択権
5　苦情表明権（意見・要望・苦情を表明する権利）
6　プライバシー権
7　一人の人間としてリスペクトされる権利

続いて一つひとつの権利が何を意味するか、そしてどのような形で保障していくのか、具体的ポイントを紹介しよう。

2 質の高いサービス提供を受ける権利

注目すべき重要な法律

この権利は、社会福祉法第七八条第一項で、社会福祉事業所の経営者が、責任をもって遵守すべき権利として高らかに謳われている。この条文のなかには、社会福祉職員が留意すべき重要なポイントが明記されているので、全文を掲載する。

〔社会福祉法第七八条第一項〕

社会福祉事業の経営者は、自らその提供する福祉サービスの質の評価を行うことその他の措置を講ずることにより、常に福祉サービスを受ける者の立場に立って良質かつ適切な福祉サービスを提供するよう努めなければならない。

本条文で唱えられている質の高い福祉サービスは、常に福祉サービスを受ける者の立場に立ったうえで提供されるものと明示されている。「常に」とあるので、いつ何時も、どのような支援場面においても利用者の立場に立った質の高いサービス提供に努めることが求められている。「さまざまな業務があったためにできなかった」「忙しくてできなかった」等の言い訳は許されないとの強いメッセージが福祉事業者に対して示されている。

条文の冒頭部分には、「自らその提供する福祉サービスの質の評価を行うこと」と明記されている。これは提供するサービスの質に関する自己評価は各事業者が必ず実施すべき項目であるという国の揺るがぬ姿勢が示されたものだ。自己評価なしには、どのようなサービスも良質なものとはいえないという主張がなされたものともいえる。

条文の末尾の表現も要注目だ。「努めなければならない」と書かれており、努力義務レベルの規定を記しているという位置づけになる。が、「なければならない」との表現が用いられているので、福祉事業者が必ず果たすべき義務が明示されていると解釈できる。「なければならない」と明示する条文であるので、書かれていることが確実に実行に移されていなければ、「法令違反」となる。罰則規定は記されていないが、法令を違反する状況にあれば、社会から信頼される組織（事業所）となることはできない。

自己評価は確実に行われているか

このような厳しい視点から、あなたが勤める福祉職場の現状を振り返ってみよう。あなたの職場は、自己評価という点に関してどのような状況にあるだろうか。「良質かつ適切な福祉サービス」が確実に提供されているか、適切な手順と方法による自己点検が行われているだろうか。この点を明らかにするために、次の問いについて考えてみよう。

①あなたの職場あるいはあなたが配属されている部署では、どの立場の職員が責任者となって、どのような役割分担のもとに、サービスの自己評価が実施されているか。
②自己評価は、いつ、どのような手順や方法で、どのような項目について、行われることになっているか。
③評価結果はどのような形でまとめられ、どのような形で職員間で共有されているか。
④評価の結果、把握できた問題や修正すべき点については、どのような改善計画が立案されているか。
⑤自己評価の後に策定された改善計画は、現時点で、どのレベルまで達成されているか。

これらの問いに明確な答えが示せないものがあるとすれば、社会福祉法第七八条に基づく自己評価が適正かつ的確に行われたとみなせない。法令遵守がなされていないとの判断が下される可能性がある。法令を守ったうえで、事業所の運営がなされるというのは、国との約束であるだけでなく、社会との約束でもある。また利用者や家族との約束であり、必ず果たしていく責任がある。あなたが働く職場で実施される自己評価が不十分なレベルに留まっているのであれば、すぐに是正策を講じることを強くお勧めしたい。

質の高いサービス提供はすべての職員が果たすべき重要な責務である。よって、一人ひとりの職員が自分の業務を自己点検する姿勢を示さなければならない。あなたが管理監督者であれば、その必要性を部下、後輩職員に伝えなければならない。自己点検に取り組む際には、明確な根拠に基づく業務が実施されているか、という観点からの点検を試みるようにする。個人の主観というスタンスを超えて、専門的な知見から考えたとき、一人の福祉専門職として働く自分が行っている業務の一つひとつは、はたして質の高いものといえるのかチェックしていく。チェックの結果、不十分との評価を下す業務があった場合は、なぜ不十分な状況になっているのか原因を明確にしたうえで、解決策を立案し、実行に移していく。改善に際して、自分以外の他の職員の協力が必要な場合は、説明を行う機会を得て、協力を依頼する。

このような形で、自己点検が確実に質の向上につながるよう、行動を起こしていくのである。

3　個別ニードに基づく支援を受ける権利

個別支援の実施状況を点検する

介護保険制度の導入や社会福祉法の施行によって、二〇〇〇（平成一二）年以降、福祉サービスの提供方法が大きく変わることとなった。契約に基づくサービス利用の制度が導入され、利用者の個別ニードに基づく、質の高いサービスの提供が声高に叫ばれることとなった。それから二〇年ほどが経過したが、改めて確認してみよう。あなたが勤務する福祉の職場では利用者の個別ニードに沿った支援が、どの程度行われているだろうか。

点検の際には、利用者の視点から行うことを基本原則としよう。**一人ひとりの利用者について、どの時間帯のどの場面で、どのような形で個別ニードに基づく支援が行われているかチェックしていく。**デイサービスの利用者で、送迎サービスを利用している人であれば、送迎の場面から、一人ひとりの利用者に対してどのような支援が行われているか点検する。来所後は、一つひとつの活動場面、支援（介護）場面のなかで、どういう支援が行われているか振返っていく。そのなかで、どの立場（職種）の職員がどういう形で、各利用者独自のニードに応じた支援を行っているかを確認する。

そのうえで、どの時間帯のどの場面で、どのような個別支援が行われているかをリストアップする。同時に、どの時間帯のどの場面で、本来実施すべき個別支援が行えていない状況にあるかを明らかにしていく。リストップされた場面については、どのような取り組みを行えば、状況が改善できるかを考えるようにする。立案した改善策は職場全体（あるいは部署全体）で共有し、実行に移していく。

問題への向き合い方

入所型の施設で、物理的環境という制約のために、個別ニードに応じた支援が困難な状況が特定できた場合は、どのような工夫によって事態の改善が図られるか、検討する。例えば、ある利用者の固有のニードが、「居室エリアやリビングエリアにプライベートスペースを確保し、人目にさらされず、リラックスした時間を楽しみたい」という場合には、居室エリアにパーティションを設置したり、リビングエリアに個別にくつろげる空間を作ったりして、ニードへの対応を試みるようにする。

ニードへの対応を考えるときには、「無理」「できない」というネガティブな視点でとらえるのではなく、「どのようにすれば少しでもニードに応えられるようになるか」「どのような工夫や取り組みをすれば、ニードの充足につながっていくか」というポジティブな視点で、行動を起こすようにする。何かをよいものにしようというとき、すべてを一気に変えられないことが少なくない。そのようなときは、すぐにあきらめてしまうのではなく、小さな変化を積み重ねる。小さな改善を積み重ねるという姿勢で、ニードの充足に取り組むようにしよう。

共に働く仲間から信頼される人は、小さな取り組みを軽んじない。どんなに小さく、些細なことのようにみえる取り組みについても、心を込めて、誠意をもって行っていく姿勢をみせる。そのような姿を確実に身につけていくことが、福祉領域で働くすべての職員に求められている。

4 知る権利（必要な情報をわかりやすく丁寧に情報提供してもらう権利）

知る権利は自己決定・自己選択権の保障にもつながる

この権利は、自己決定・自己選択権の保障にもつながる重要な権利である。利用者が権利行使の主体者として、主体的な生活を営む際のバックボーンとなる権利ともいえる。

なぜ、そういえるのか、順番に説明しよう。まず、自己決定・自己選択権との関連について考えてみる。人は誰もが生活するなかで、自己決定、自己選択をしていく。どこで暮らすか、どのように暮らすかといった選択もあれば、どこで働くか、どのように働くか、どのような職種で働くかという選択もある。朝食、昼食、夕食に何を食べるか、どこで食べるか。週末はどのように過ごすかなど、多くの選択が日常生活のなかでなされていく。

選択の仕方は、教育機関で学ぶわけではない。生活経験を積むなかで、無意識のうちに、学び取っていく。時には試行錯誤の経験もしながら、自己決定、自己選択を繰り返すなかで自分オリジナルのライフスタイルを造り上げていく。

自己決定・自己選択できるようになっていくのは、ただ経験を積んだからではない。さまざまな情報を自分の力で処理できるからだ。どこで暮らすかという点について自己決定・自己選択する際には、不動産屋を訪ねたり、ウェブで住宅情報を収集したりしたうえで、どのような物件にするかを決めていく。どの町のどのエリアであれば、相場がどれくらいであるかについても情報収集する。どの地区に住めば、最寄り駅まで、どれくらいの距離で、最寄り駅からは自分が日常的に通う学校や勤め先までどれくらいの時間がかかるかについても、情報収集し、最終的に物件を選ぶ際の重要な判断基準とする。このような形で、膨大な情報を処理しながら、自分が住みたいと思う物件を探し出していく。

仕事を選ぶ際も、ハローワークやネット上の就職支援サイトのサポート等を受けながら、情報を収集し、自分のニーズとマッチングする職場を探していく。日々の食事場面で何を食べるかという点についても、あらゆる情報収集の手段を活用し、どれにするか決定していく。週末の活動についても、情報収集のうえで、自己決定・自己選択していく。

どの場面での自己決定・自己選択においても、キーとなっているのは、情報収集である。情報を集め理解したうえで自己決定、自己選択が行われているのだ。

福祉サービスを利用する人の場合は、さまざまな事情や理由により、自分で情報を収集・整理し理解することが困難な人が少なくない。どこにどのような情報があるのかを把握することに困難をきたす人もいれば、一般の情報提供の方法（口頭での説明や紙情報による説明、あるいはネットでの情報提供）では、理解が困難な人がいる。そういう状況の人に、わかりやすく具体的に情報提供し、知る権利を保障していくことが、利用者のサポートに日々かかわっている福祉職員の重要な仕事の一つである。

わかりやすい情報提供のキーパーソン

利用者にとって身近なところにいる福祉職員がわかりやすい情報提供に努めてくれれば、自己決定・自己選択権の行使が容易になる。**認知力や理解力という面で困難な状況にある人であっても、適切なサポートがなされれば、自分の力で決めることが可能になる。**

例えば、現在、利用しているサービス提供機関において、どのようなサービス提供の選択肢があるかについて、支援する立場にある職員が本人の認知能力を踏まえたうえで理解できるようにわかりやすくかみ砕いて情報提供すれば、どのようなサービスを利用するか、自分自身で意思表示をすることが可能になる。

通所しているデイサービスのレクリエーション活動について、利用者本人の認知能力、コミュニケーション力などを踏まえた知る権利の保障としての情報提供があれば、どのような活動に参加するか、意思表示できるようになる。職員に言われるままに参加するのではなく、自ら選んで参加できるようになる。

知る権利の保障は、自己決定・自己選択権を保障につなげる重要な権利である。この権利の保障のために、職員は自らのコミュニケーション・スキルを磨かなければならな

い。一人ひとりの利用者に対して、わかりやすい必要な情報を提供するためのスキルを身につけることが求められているのである。

5 自己決定・自己選択権

選択肢の拡大に努める

この権利は知る権利と連動するものである。よって、この権利の保障に向けて行動を起こす際には、まずは情報提供の充実強化に取り組まなければならない。

続いて取り組まなければならないのは、選択肢の拡大である。自分が働く福祉事業所では、さまざまな活動やサービスメニューについて、どれくらい選択の幅が利用者に用意されているかを確認する。レクリエーションや作業などの活動メニューについてどれくらい選択肢が用意されているか。食事メニュー、入浴の順番や方法などについてどれくらい選択肢が用意されているか。通所サービスの場合は、一日のサービス利用開始時間から終了時間を見渡して、どのような選択肢が用意されているかを確認する。入所型の施設の場合は、一日の生活の流れのなかの各場面でどのような選択肢があるかを確認する。

選択肢が限られているために選べない状況が生じているものがある場合は、創意工夫をして、選択肢の拡大に努める。選択肢は用意されているものの、実質的に利用者が選べない状況になっている場合は、なぜそうなっているかを精査する。職員の思い込みや経験則、決めつけなどによって勝手に決められているケースもあるので、本当にこのままでよいのか、客観的な視点で振り返るようにする。

選べないと決めつけない

実際の福祉現場を訪ねると、利用者には選択する能力がないという理由で選択肢が提供されず、あらゆるサービスが職員の判断で決められている場面を目にすることがある。しかし、このようなケースであったとしても、本当にまったく選べないのか、改めて確認してみると、工夫をすれば生活のなかのさまざまな場面で本人の意思確認ができることがわかるケースが少なくない。本人が明確な意思表示ができない場合も工夫すれば、意思確認の可能性が高められるケースもある。

大切なのは、先入観で決めつけないことだ。「この利用者はできない」と決めつけず、どのような工夫やサポートをすれば、自己決定・自己選択の可能性が広がるかという見地から、これまでの取り組みを再検討し見直していく機会をもつようにする。日頃、よく接している職員だけで検討するのではなく、フレッシュな視点から可能性を探ることができる職員の協力を仰ぐようにする。例えば、異なる部署で働く職員や異なる職種の職員を交えて、どのような取り組みが可能か検討すれば、それまで思いつかなかった新たな取り組み方法が見出せる場合もある。障害者施設の現場では、スマートフォン、タブレット、パソコンなどで使えるコミュニケーションソフト（アプリ）を用いて、利用者とのコミュニケーションを図り、意思疎通をするという取り組みが広がっている。どのように一日を過ごすか、どのような活動に参加するかといった日常生活のさまざまな場面で、自己決定を支援するツールとして活用する事例が増えている。こうしたツールが障害福祉領域以外でも広く活用されることを期待するところである。

自己決定・自己選択権の保障は利用者本位サービス実現の根幹部分であるが、保障に向けた取り組みは容易には進まないことがある。壁にぶつかり、前に進めなくなることもある。そのような状況になったとしても、あきらめず、くじけず、投げ出さずに可能性を追い求めていく姿勢が必要とされているのである。

6 苦情表明権（意見・要望・苦情を表明する権利）

誤ったとらえ方をしていないか自己チェックする

この権利を保障する福祉職員になるには、苦情に対して誤ったとらえ方をしていないか自己チェックする必要がある。ここでは、簡単なチェック方法「苦情に関する自己認識チェックリスト」を紹介する。次に記す四つの項目に目を通し、自分が苦情をどのような視点でとらえているか振り返ってみよう。各項目を読んで、「私はこうした観点で苦情をとらえていると思う」と判断する場合、チェック欄に○をつける。「私はこうした観点で苦情をとらえていない」と判断する場合は、×をつける。

苦情に関する自己認識チェックリスト

□ ①苦情は努力が足りないから発生する
□ ②すべての苦情は利用者の不満を表すものである
□ ③一つでも苦情の申し立てがあるのは恥ずかしいことだから、ゼロになるよう全力を尽くさなければならない
□ ④苦情を申し立てられた職員は即刻、処分の対象とすべきである

さて、チェックの結果はどうだろうか。チェック項目に書かれた文章はすべて、苦情に関する誤った認識を示すものだ。よって、一つでも、○がつく項目がある場合は、苦情へのとらえ方や向き合い方に誤りがあり、修正が必要なことを意味する。○がついた項目については、修正に向けて、すぐに行動を起こさなければならない。誤った認識のままであると、利用者の基

本的権利である苦情表明権をサポートする職員になれないからである。

苦情に対する誤った認識をどのように修正していくかという点については、四つのチェック項目に記された苦情へのとらえ方がなぜ誤りといえるか、その理由を理解することによって学べる。以下に示す理由に目を通し確認するようにしよう。

苦情に対する誤ったとらえ方を修正する

■努力だけの問題ではない

それでは、一つ目の誤解、「①苦情は努力が足りないから発生する」を考えてみよう。このようなとらえ方は、努力さえすれば苦情はゼロにできるという思い込みから生じている。業務のクオリティを高めたり、支援・介護・保育・療育・看護等の提供スキルの改善を図ったりして、結果的に苦情の発生を最小限にするという取り組みは間違っていない。一人ひとりの職員が福祉職員として、強い自覚をもち、業務レベルの向上に力を尽くすのは大切なことだ。経営者、運営責任者、管理監督者、現場の職員が、一致協力し、職場全体で、業務レベルの向上に向けて日々努力邁進するとの姿勢を示すことも重要な取り組みといえる。

しかしながら、どのような努力を積み重ねても、苦情発生の可能性はゼロにはならない。顧客満足度が極めて高く、多くの消費者から厚い支持を受けている企業はどうだろうか。こうした企業では苦情の発生はゼロの状態なのだろうか。決して、そんなことはない。顧客満足度の低い企業と比べると、件数は少ない状況にあるものの、苦情発生はゼロになっていない。顧客満足度のさらなる向上に向けて日々努力邁進しているが、苦情は発生する状況にある。

■利用者の期待値の高さが苦情を生み出すこともある

はたしてその原因はどこにあるのか。最も大きな原因は努力不足ではない。他の企業と比較すれば、高いレベルの業務が行われているのだが、それでも、消費者側（お客様）が求めるサービスや商品のレベルと、実際に提供されるものとの間に、ギャップが存在するために苦情が発生するのである。顧客満足度の高い優良企業の場合は、大きなギャップがなくても、「この会社であればもっとよいサービスが提供できるはずだ」「もっとよい商品が提供できるはずだ」という消費者側の期待値が高いケースが多いので、苦情という形で申し立てがなされることがあるのだ。

この点は、福祉領域についても同じだ。同業他社と比べれば質の高い福祉サービスが提供されているのに、苦情が申し立てられるケースがある。利用者側が求める支援の内容やレベルと、実際提供されているものとの間にギャップを感じるために、苦情が申し立てられるケースがある。この場合は、サービスレベルが著しく低いために寄せられる苦情とは意味合いが異なるものとなる。サービス提供にか

かわる福祉事業者に対する期待値が高いがために、「もっとよいサービスが提供できるはずだ」「これまでもよい取り組みをしてきたのだから、さらに工夫をすればよりよいサービスが提供できるはずだ」との思いから申し立てられるケースもある。こうしたケースがあるので、苦情を後ろ向きにとらえる必要はない。

■ 苦情をすべて「悪いこと」ととらえる必要はない

この点は極めて重要なポイントなので、繰り返し強調させていただく。どのような業界、業種であっても、お客様からの苦情申し立てはあり得る。客観的にみれば、業界トップのすばらしいサービスや商品が提供されていても、苦情の申し立てがゼロにできるわけではない。お客様が期待するサービスレベルは、提供者側がコントロールできるものではない。たとえ、品質が高いものであろうとも、お客様側が「もっとよいものが提供できるはずだ。現状の商品（サービス）では納得いかない」と判断した場合、苦情という形での申し立てがなされるケースがある。どんなに努力しても苦情が発生する可能性をゼロにできないのであれば、努力する意味などないのか。いや、そんなことは決してないと断言できる。日々業務レベルの向上に取り組むなかで、品質向上が図られていく。業務レベルの確実なレベルアップが図られる。苦情発生の可能性はゼロにはできないが、発生リスクを最小化できる。商品レベルやサービスレベルが極めて低レベルなために発生する深刻な苦情の発生は防げる。

福祉職員および福祉事業所にとって大切なのは、利用者の期待と実際に提供されているサー

ビスの間に存在するギャップを埋める努力をし続けることだ。同時に、一人ひとりの利用者が、どのタイミングで、どのような内容の支援を、どのような手順、方法、形式で受けたいのか、常に確認し続けなければならない。本人がどのような困難状況や生きづらさのなかにあり、その状況をどう変えたいのか、どのような形でよいものとなるよう支援することを望んでいるのか、理解する姿勢をもち続けることが求められているのである。

苦情が応援のメッセージであるケースもある

続いて、「②すべての苦情は利用者の不満を表すものである」という誤解について考えてみよう。福祉の職場に寄せられた苦情案件の内容を調べてみると、苦情が不満の表れであるケースは確かにある。しかし、不満だけが苦情申し立ての原因とは限らない。先に述べたように、利用している福祉事業者（福祉施設）に対する強い期待が、苦情という形で表出するケースがある。利用しているサービス全般に対しては、非常に満足しているし、今後も喜んで利用していきたいと思っている。しかしながら、この部分だけは決して満足できるレベルになっていないので、修正してほしいという形で申し立てられるケースもある。これまでサービスを利用してきて満足しているし、この事業者であれば、申し立てをしても真摯に対応してくれるという信頼があるから、苦情が寄せられるケースもあるのだ。

全体のレベルは高いのに、ある部分だけ貧弱な状態にあり、「この部分に気づいてくれれば、きっといいものにしてくれる」という期待や願いがあるので、勇気をもって申し立てる。利用する福祉施設に対する満足度が極めて高く、ある意味では、熱烈なファンでありサポーターであるからこそ、あえて強い口調あるいは明確な形で納得できない部分について声を上げるというケースも存在するのである。

寄せられた苦情をすべて不満の表れととらえると、向き合い方が緊張感に満ちたものになってしまう。苦情のなかには、期待を表すものもあるという点を見落とさないようにしよう。重要なのは、苦情から教訓を学ぶ姿勢だ。寄せられた苦情は何を意味するのか、精査する。そこから得た教訓を、業務の改善に活かしていくようにする。苦情は、利用者からの期待の高さを知るよい機会にもなる。どの部分の修正を図れば、さらにすばらしいサービスが提供できるようになるかを学ぶ絶好の機会にもなる。そのような視点で向き合うことが求められているのである。

三つ目の誤解は、今すぐに払拭しなければならない。「③一つでも苦情の申し立てがあるのは恥ずかしいことだから、ゼロになるよう全力を尽くさなければならない」というとらえ方は極めて危険だ。苦情そのものや苦情解決の仕組み全般に対する大きな誤解がある可能性が極めて高いからだ。苦情は厳密にその内容をみてみると、不満の表れとは限らない。期待の表れであるケースも少なからずある。苦情の発生を最小限に抑えるために、日々努力邁進する姿勢は重要だ。努力は継続する必要がある。が、「苦情をゼロにしなければならない」という姿勢で臨むと、職場を誤った方向に導くことになる。

　典型例は、申し立てがあっても、意見や要望というとらえ方にすり替え、苦情案件として扱おうとしないというものだ。確かに、苦情の申し立て内容をみると、意見や要望であるケースもある。しかし、それを苦情とみなすのか、**意見、要望とするのかを決定するのは、基本的には申し立てをする人である。**本人が苦情解決の窓口に「苦情」として申し立てることを希望した案件については、苦情として真摯に受け止め、誠意をもって向き合わなければならない。苦情を受け付ける側が、その内容を勝手に意見や要望と判断すると、扱いがぞんざいになるケースがあるので要注意だ。事業者側はそのつもりはなくても、申し立てをした利用者や家族が、「軽く扱われた」ととらえてしまい、苦情そのものよりも、解決が難しい深刻な問題へと発展してしまうケースもある。

　大事なポイントなので、ここで改めて強調しよう。苦情の申し立てがあること自体が福祉事業所として恥ずかしいことなのではない。苦情に対して真摯に誠意をもって対応するという姿勢が万が一欠落しているとすれば、それが恥ずかしいことなのだ。苦情をゼロにすることを目指して、申し立てられた苦情案件を、意見・要望にすり替えるような取り組みがあるとすれば、それこそ恥ずべきことといえるのである。

どのような事実があったかを確認する

四つ目の誤解も私たちの職場から払拭していかなければならない。「④苦情を申し立てられた職員は即刻、処分の対象とすべきである」というとらえ方は極めて危険だ。福祉事業所には利用者の権利を守る責任がある。この点は間違いない。同時に、職員一人ひとりの権利を守るという重い責任もある。

よって、ある苦情案件に関して、特定の職員が名指しされている場合、その職員に落ち度があると決めつけてしまうような対応は厳に慎まなければならない。苦情表明は利用者の権利であり、申し立てられた案件については、速やかに誠意をもって対応していかなければならない。が、解決を急ぐあまりに、事実確認の部分が不十分なものになってはならない。職員が特定される形での申し立てがなされた場合、あるいは、名指しはされていないが容易に特定できる場合、決めつけから入るのではなく、慎重に事実確認に取り組まなければならない。

■事実確認のポイント

事実確認の際には、どのような状況のなかで発生したどのような出来事に対して、利用者あるいは家族などの申立人から苦情の申し立てがあったのか、を明らかにする取り組みに着手する。職員が特定できる場合は、何があったか、当該職員側からとらえた事実を確認する作業にとりかかる。その際には、責めたり、批判したりする姿勢ではなく、あくまでも事実を確認するという姿勢で臨む。その結果、明らかに特定の職員側に大きな落ち度（権利侵害行為、虐待行為）などがある場合は、適正かつ適切な対応をしていく。職員側の説明と苦情申し立ての内容に齟齬《そご》がある場合は、中立人に苦情につながった案件がどのような形で発生したのか改めて確認していくという場合もあり得る。ただし、これは中立人の事実認識を疑うというものではなく、より明確にしていくための取り組みであるということを忘れてはならない。

7 プライバシー権

この権利は、すべての人に保障されるべき基本的権利の一つである。福祉の職場には、利用者に関するプライバシー情報が多数集積されているので、福祉職場で働く人はどのような職種、職階、雇用形態で働いていようとも、個人情報の保護およびプライバシーの保持について、高い意識をもつことが求められる。勤務中は言うまでもなく、勤務以外の場面でも、プライバシー権を守るとの意識を忘れないようにしなければならない。利用者に関するプライバシーを自分の家族に漏らすことがないよう、留意しなければならない。

プライバシー権の保障は、古くから福祉職員の使命として知られる権利である。よって、福祉の職場では、漏れなく確実に保障されているとみなせるかといえば、そうとは言いきれない現実がある。例えば、プライバシーが保護されているはずの福祉事業所内にこのような状況が存在することがある。

プライバシー権が守られていない例

- 複数の利用者が近くにいるところで、職員が他の職員と、利用者の健康状態に関する事柄、治療に関する事柄、家族状況などについて、大きな声で情報交換している。
- ある特定の利用者に対して、健康状態、排泄状況などについて、大きな声で他の利用者がいるところで尋ねている。
- 利用者の日々の行動について記した記録が、利用者がいる空間に無造作に置かれている。
- 利用者の排泄状況チェック表が本人以外の利用者が見える空間に貼り出されている。
- 排泄ケアの場面で、介護をする職員が、ドアを閉めずに介護をしている（ドアを閉めようとした利用者の手を押さえ、「開けたままでいいよ」と声をかける場面がある）。
- ドアをきちんと閉めずに着替えの支援をしていたために、居室エリアでの着替えが廊下から見える状態になっている。
- 生活型の福祉施設に居住する利用者の居室にあるタンスを、利用者の許諾なく開ける場面がある。
- 利用者の意見・要望などを聞くための話し合いが、他の利用者がいる場で行われている。

さて、あなたが働く職場ではどうだろうか。プライバシーを守るという観点からとらえたとき、この例にあるような状況が存在しないだろうか。プライバシー権を守っているとはいえないような実態が存在しないだろうか。少しでもその可能性がある場合は、すぐにリストアップする作業に取りかかろう。**「いつ」「どこで」「どのような場面で」「どういう形で」プライバシー権が守られていない状況があるかをリストアップする。**生活型の福祉施設の場合は、二十四時間の生活場面のなかでチェックする。通所型の場合は、利用者の利用時間帯および職員の勤務時間帯のなかで、リストアップする。その結果、把握できた問題については、まずリストアップに取り組んだ職員が率先垂範して、改善に取り組んでいく。そのうえで、共に働く職員に働きかけをする。事業所全体、部署全体、チーム全体で、問題意識を共有し、解決に向けて行動を起こしていく。プライバシーが守られる職場になるよう行動を起こしていく。

プライバシーの保護は唱えるためだけにあるのではない。一人ひとりの職員が行動を起こして、確実に保護していくためにある。実現力を発揮して、やり遂げていく責任が、福祉職員一人ひとりにはあるのだという点を忘れないようにしよう。

8　一人の人間としてリスペクトされる権利

利用者の尊厳は本当に守られているか

この権利は、「一人の人間として尊厳を維持する権利」、すなわち、どのような状況にあっても尊厳ある存在として誇りをもって生きていく権利と言い表せる。

あなたの職場はどうだろうか。そして、あなた自身はどうだろうか。具体的にどのような形でこの権利を守る状況にあるだろうか。

一人ひとりの利用者の尊厳を最大限リスペクトするという考えは、二〇〇〇（平成一二）年以降、介護保険制度の導入、措置から契約に基づくサービス利用制度への移行、さまざまな権利擁護に関する法制度の立案・施行によって、大きく推進されているかのようにみえる。利用者に対する呼称や接し方は二〇年ほど前までは、年齢にかかわらず子ども扱いするかのようなものが数多くみられた。介護サービスの提供を受ける高齢者に対して、介護職員が利用者に対して、タメ口で話す場面を目にするのは決して珍しくなかった。成人となった知的障害者が利用する福祉施設でも、職員が子ども扱いするような例が頻繁にみられた。利用者を「○○君」と呼んだり、「○○ちゃん」と呼んだりすることがあった。行動障害を示す利用者に対して、専門的な知見に基づく支援ではなく、頭ごなしに叱りつけるような対応、よりはっきり言わせてもらえば、職員のネガティブな感情をぶつけるような対応がなされる場面も見受けられることがあった。

今では、どのような福祉領域でも、利用者本位サービスという言葉が当たり前に使われるようになり、状況は一変したかのようにみえる。高齢者介護の領域でいえば、利用者を総称的に表現するとき、「利用者様」「ご利用者様」などの表現が用いられることが増えてきた。パンフレットには、「お客様」という表現が使われるようになってきている。

リスペクトされているとはいえない状況がある

こうした状況をみると、わが国の福祉現場は、一人の人間としてリスペクトされる権利を守るための取り組みが確実に進められているかのような印象を受ける。が、実態はどうだろうか。二〇年ほど前とは、変わってきた部分は確かにあるが、福祉業界全体が本当に大きく変わったかといえば、そうとは言い切れない状況がある。

一人ひとりの利用者の尊厳を大切にし、リスペクトした支援を提供するという動きは確かにみられるようになった。ただし、全体がそうなったとは言いがたい。多くの福祉現場とのかかわりをもってきた経験からいえば、ばらつきが大きいというのが率直な印象だ。確実に、利用者をリスペクトした支援へと突き進む事業所がある一方で、さまざまな〝言い訳〟を並べ立て、変わろうとしない事業所も存在する。利用者本位の対極にある職員主導型の支援になっている事業所が、どのような種別、領域、形態の福祉事業所でも、いまだに〝生き残っている〟という状況が存在する。しかも、その数は決して少なくない。

福祉職員を対象とした研修会の場で、「利用者への支援の場面で、利用者をリスペクトしているとはいえない〝危うい状況〟があれば箇条書きでリストアップして書き出してください」という形で個人ワークを行うと、ほぼ全員が、即座に書き出し始める。利用者を明らかにリスペクトしていないと断定できる事例が多数書き出される。なかには権利侵害といえるような対応が示されるケースもある。このような現実は何を物語っているだろうか。福祉制度は大きく変わり、表面的には利用者本位サービスへの移行が果たせたかのようにみえるが、実態はそれほど大きな変化がない。まだまだ、リスペクトされる権利が十分に保障される状況にないとの事実を物語っている。

権利侵害の具体例

権利擁護や利用者本位サービスの推進が高らかに唱えられる現在においても、実践現場のなかでは、権利を守っているとはいえない状況、あるいは、利用者本位とはいえない状況にあるところも残念ながら存在する。

例えば、利用者が示す何らかの言動に対して、利用者一人ひとりの思いに寄り添って〝応答〟するのではなく、〝反応〟してしまい、感情的な態度や言葉を浴びせかけるような言動に及ぶというケースが発生することがある。生活型の施設で、夜間に利用者が何らかの理由で起き出してくると、強い口調で注意する。腕をとり、力任せで、居室に連れて行こうとする。自分の指示に従わない、あるいは、自分に対して反抗的な態度を示したということで、厳しい対応に及ぶ。支援や介護をしようとしたとき、それに応じようとしない利用者を介護拒否とみなし、突き放すような言葉や冷たい言動を示す、等といった言動が、現在の福祉実践現場でも示されることがある。

自分の職場はどのような状況にあるか自己チェックしよう

ここであなたに問いたい。あなたの職場ではどうだろうか。「利用者の尊厳を守る」「利用者の一人ひとりの尊厳をリスペクトする」という見地からとらえたとき、尊厳を最大限尊重した接遇・支援となっているだろうか。福祉以外の領域にある人が、職員の接遇姿勢・支援姿勢を見たとき、「福祉職員はすごい。さすがだ。福祉専門職として働く人はすばらしい。私はまったく異なる産業種別で働いているが、あの姿勢を見習いたい。人間としてあるべき姿を示している」などとよい意味でのサプライズを生み出すようなサービスが提供できているだろうか。

それとも、その反対の評価を受けるような状況にないだろうか。例えば、「福祉の世界で働く人が、利用者にあのような態度で接しているとは、信じられない。素人の私が見ても、適切だとは思えない。利用者が私の子ども（父、母、きょうだい）だったら、とても我慢できない。福祉のプロであれば、もっと自分の仕事に誇りをもってほしい。素人である私が見ても、すごいなと思うような接し方を心がけてほしい。どのような理由で、あのような接遇、接し方、言動を利用者にしているのかは、わからないが、とてもプロとは思えない」と判断されるような状況にないだろうか。

このような状況にあるとすれば、すぐに改善に向けて行動を起こそう。手順はシンプルだ。自分が日々行っている業務場面を頭に浮かべ、そこで行っている業務のなかに、利用者をリスペクトしているとはみなせないものがあれば、リストアップしていく。ノートに書き出していく。書き出したものについては、すぐに、改善に向けた行動を開始する。

もし大人の利用者に対して、子どもに相対するような接し方をしている場面があれば、即座に改める。タメ口で接する場面があれば、丁寧語に変える。といっても、冷たい響きのする形だけの丁寧語ではない。思いやりやさしさが伝わるよう工夫しながら、接するようにする。呼称についても不適切なものがある場合は、すぐに改めていく。

変わるためのポイントは、言い訳探しに走らない、だ。変わるべきときに変わらない人は、すぐに言い訳から入る。「そんなこと言っても」と言いつつ、言い訳を考え始める。接し方を変えられない人は、変えられないのではない。変えないのだ。変えないから変わらないのだ。

変わらなければならないのに、それを躊躇《ちゅうちょ》する人は、「親しみをこめてタメ口で話しており、相手からも受け入れてもらっている」「今までこうだったのに急に変えれば相手が戸惑う」などといった形で、言い訳を並べるケースがある。

利用者が子ども扱いされているのに、それを受け入れている現状があるとすれば、その状況に慣らされたからだ。接し方が変わって戸惑うケースがあるとすれば、慣らされたやり方が何の説明もなく変わってしまったからだ。接し方を正しい方向に確実に変えることができた福祉職員にインタビューすると必ず寄せられるコメントがある。

「呼称や言葉のかけ方など、接し方を変えたとき、はじめは利用者に戸惑いの表情が見えましたが、すぐに慣れてくださいました」

ある職員はこう付け加えた。

「よく考えてみれば、接し方を変えて、戸惑ったのは利用者ではなく私でした。当初は違和感を覚え、何となく、居心地が悪く感じました。でも、あきらめずに続けていると、やがて、今の接し方が当たり前になりました」

そうだ。**一度、リスペクトしない接し方を覚えてしまうと、それを手放すのは容易ではなくなる。それに慣れてしまい、これでよいと思い込んでしまうからだ。**この状況から脱するためには、決意と行動が必要になる。変わるという決意と、変わるを行動で表していくことが求められる。

「頭ではわかっているが変われない」という主張の裏にあるもの

福祉の職場を訪ね、職員と意見交換の機会をもつと、「今の接し方は適切ではない。変えなければならない。頭の中ではわかっているが、変われない。行動に移せない」との声を上げる人に出会うことがある。が、これは正しい見立てではない。本当にわかっていれば、変わるという選択をして行動を起こすのだ。**変わるという行動を起こさないのは、実はわかっていないからだ。**なぜ変わらなければならないのか、十分に理解していないからだ。

もし、「頭ではわかっているが、変われない」というのが自分に当てはまっているとしたら、とらえ方を変えよう。実は、十分に理解していないのだ。今一度、学び直そう。どのような業務を行うことが求められているのか。どのような権利を守っていくことが福祉の世界で働く人に求められているのか。そのうえで、自分が行う業務を点検しよう。そうすれば、ギャップが見えてくるはずだ。埋めなければならない溝が見えてくるはずだ。改めなければならない点が明確に把握できるようになる。そうなれば、自然な形で、変わるという選択肢を、勇気と誇りをもって選べるようになる。

リーダーとして他の職員にリスペクトされる人になるには、変わる姿を見せなければならない。よい方向に成長し続ける姿をみせなければならない。自分に向き合い、変わるべきところを確実に変えている人は、周りの職員から一目置かれるようになる。信頼され、希望を与える人になる。変化に戸惑い、変わるというチョイスができない人にとっては、見習うべき手本となることができるのである。

第 5 章

ロールモデル呈示力、モチベーション向上力、人望力、自己覚知力を発揮する

1 ロールモデル呈示力を発揮する

人を育てる役割を担う

福祉の職場で、ある一定の職務経験を積み重ねれば、人を育てる役割を担うようになる。他の職員によい手本を見せて、どのような働き方をすることが求められるのか、教える役割を果たす立場になる。私独自の表現を用いるなら、ロールモデル呈示力を発揮することが求められるようになる。この役割は、管理監督者の立場にある職員から明確な形で与えられるとは限らない。むしろ、経験を積むことによって、自然発生的に、その立場になるケースが多い。例えば、自分が所属する部署やチームに新任職員が配属され、共に働くことになり、ごく自然な形でさまざまな業務について、教える役割を担っていく。こうした形でロールモデル呈示力を発揮し人を育てる役割を果たしていく。

職場のなかで人を育てる役割を果たしていくのは、教える側の職員にとっても、教えられる側の職員にとっても大きなメリットがある。教える側は、業務の手順や方法などについて、知識や技術を伝えることによって、自分自身の業務について振り返りができる。何がどこまでできているか、わかっているか、身についているか再確認できる。不十分なものについては、教える取り組みを行いながら、バージョンアップを図っていける。つまり、人に教える一連の取り組みによって、さらなる成長が遂げられるようになる。

教えてもらう側は、同じ部署、同じチームに所属する人から、業務への取り組み方や方法、職員としての心構えをピンポイントに学べる。机上の空論ではなく、実務経験を踏まえたうえで提供される生の知識や技術なので、すぐに適切な業務の遂行に活かせる。日々の業務について、わからないことがある場合、誰に聞けばよいのかわかるので、安心して働けるようになる。同じ部署（チーム）で働く先輩から学ぶので、気軽に相談できるようになる。そばにつきっきりで教えてもらうわけではなくても、いつでも相談できる人がいるということがわかっているだけで、安心して業務に臨めるようになる。

初任者に対して何かを教える場合には、一つひとつの業務に関する手順や方法、取り組み方などが中心になる。これらのものは、繰り返し教える形になる。まずは口頭で説明する。お手本を見せる。自分でやってみるよう勧める、という形で教えていくが、一回教えただけで、習得できるとは限らない。うまく習得できていない業務がある場合は、もう一度口頭で説明する。あるいは、お手本を示すというところに立ち戻って、できるようになるまで指導する。

心構えと働く姿勢を伝授する

福祉の職場で働く職員としての心構えや姿勢についても、教えることを忘れないようにする。業務に携わる際、どのような心構えや姿勢で取り組むことが求められるのか、他の職員とよい関係を築くためにどのようなことを心がけていかなければならないのかを教える。あいさつの仕方、職員間の言葉遣い、報告・連絡・相談の方法をはじめとした情報共有の方法、困難な業務への向き合い方、時間活用（タイムマネジメント）の方法、ストレスやプレッシャーとうまく付き合う方法、モチベーションの保ち方を適宜教えていく。

その他、地域住民との良好な関係を築くための基本スタンスやマナーも教える。活動中あるいは業務を通して地域住民や外部業者などと出会ったとき、どのようにあいさつするか、どのようなことを心がけるかを教える。教える項目として、忘れがちなのが、通勤時や業務中に利用する公共交通機関の乗車マナー。そして、自家用車や公用車を運転するときの運転マナーだ。近年、地域住民から福祉事業所に対して寄せられる苦情のなかで、増えているのが、乗車マナーと運転マナー。例えば、バスに乗車中、同じ職場の職員と一緒になり大声で職場内の話をしていたということでクレームが寄せられたり、自家用車で通勤する職員が遅刻しそうになり猛スピードで子どもの通学路となっている狭い道路を走り、地域住民から非常に強い苦情が寄せられるというケースが発生したりする。バスの中で職場に関する話は、内容によっては守秘義務違反になる可能性がある。猛スピードで走り抜けた例は、速度違反であり、子どもに危険を及ぼしかねない行為である。公用車を運転中、赤信号で待っているとき、前に止まっていた車が青信号になったのにすぐに発進しないため、パッシングをしたところ、トラブルになったという事案も発生している。

相手のバックグラウンドや状況を踏まえたうえで教え方を工夫する

福祉の職場で新たに働き始める人のバックグラウンドは多種多様だ。新卒者として、入職する人もいるし、社会人経験を経て就職する人もいる。他業種で働いた経験をもって働き始める人もいるし、福祉業界での勤務経験を経たうえで、転職する人もいる。年齢でいえば、年下の人もいるし、はるかに人生経験が豊かな人が新任職員として働き始める場合もある。

新卒者であっても、ある一定の人生経験をしたうえで就職してくる。バイト経験を通して身につけた接客マナーで、福祉の職場で活かせるものもあるだろう。その場合は活かすようアドバイスすればよい。他方、社会人としてのマナーが身についていないことがあるので、就職後、きちんと手本を示しながら教えなければならない。既卒者で中途採用される人であれば、人生経験が豊かだ。社会人としてのマナーも学んでいるに違いない。ただし、これまでの人生経験で身につけた基本姿勢やマナーが福祉の職場のなかでそのまま活かせるとは限らない。競争原理が激しい企業のなかで身につけた振る舞い方が、福祉の職場では不適切とみなされることもある。よって、社会人経験が豊かな人に対しても、福祉職員としての心構えや基本マナーから教えることを忘れないようにしよう。

ロールモデルになる

人に何か教える際の最も重要なポイントは、先輩職員である自分がよい手本を示せる職員になることだ。ロールモデルになるという強固な決意と行動が必要になる。常にロールモデルとしてよい手本が示せていれば、後輩職員は先輩である自分の働く姿勢を見ることによって、どのような働き方がよいか理解できるようになる。どのような場面でどのような動きをすればよいかわかるようになる。困難な利用者に対しては、どのようなスタンスで接すればうまく支援できるのか、理解できるようになる。人に信頼され、安心感を与えるには、どのような振る舞いが求められるのか、把握できるようになる。

ロールモデルとなるという役割が確実に担えるようになるには、「見られている」という意識をもつことが極めて重要だ。自分の姿が見られている、自分の一挙手一投足が後輩職員に見られていると意識しながら業務に勤しむよう心がける。だからといって、緊張する必要はない。張り切りすぎる必要もない。自然体でいい。後輩から、見られて恥ずかしくない振る舞いをする。そう覚悟するだけで、日頃の業務姿勢がワンランク上がる。

きっと読者であるあなたも経験があるはずだ。福祉の職場に勤めたとき、あなたはどうやって福祉職員としての基本マナーを学んだのであろうか。おそらく同じ部署、チーム内で働く先輩職員から学んだはずだ。今度は、あなたが、教える立場になる番だ。どのような振る舞い、どのような手順や方法で業務を行っていくことが求められるのか、どのような接し方をすれば利用者は言うまでもなく共に働く職員に信頼される職員になれるか、手本を見せるようにしよう。

修正すべき業務姿勢は必ず改善に取り組む

そして、最後に一点、念のために伝えよう。もしあなたの日々の業務姿勢のなかに、適切ではないと思うものがある場合は、必ず、改めるようにしよう。利用者に対する接し方、接遇の方法、支援・介護・相談援助の手順や方法、さらには他の職員との接し方などを振り返ったとき、問題だと思われるものがある場合は、強い決意をもって改善を試みよう。

後輩職員はよい働き方も先輩から学ぶが、誤った働き方も学んでしまうことがある。よい職員を育てるには、よい手本を見せなければならない。自分のなかに、不十分なものや不適切なものがある場合は、躊躇《ちゅうちょ》せず、改善に努めよう。

自分を振り返ったとき、現状として、ロールモデル呈示力を発揮する準備ができていないことに気づく場合がある。しかし、たとえその状況にあったからといって、がっかりする必要はない。失意のどん底に落ちる必要もない。ロールモデル呈示力の発揮が必要だと気づいたからこそ、自分の状況と向き合えるようになったのだ。そして、真摯に向き合ったからこそ、不十分な点があるという事実を目の当たりにしたのである。次に起こすべき行動は、立ち止まることではない。前に進むことだ。ロールモデルといえない部分の修正に努めよう。

例えば、出勤時にきちんと他の職員にあいさつできていない状態であるとすれば、明日から、あいさつを心がけていく。相手の心に届くよう、心を込めてあいさつする。職員間の報告・連絡・相談がうまくできていない現状があれば、明日からの業務のなかで、どの情報をどのようなタイミングで誰にどう伝えるかを考え、実行に移していく。十分なものになっていない、介護業務、支援業務などがあれば、一つずつ順番にレベルアップを図っていく。このような形でロールモデルの呈示ができる自分になるべく行動を起こしていく。

厳密に言えば、**自分自身が成長に向けて努力する姿を見せるのも、ロールモデルの呈示だ。**後輩職員に、どんなに経験年数を積んでも（どんなにさまざまな実績が示せるようになっても）、謙虚に自分の姿を見つめ、改めるべき点を改めることが必要なのだということを自分の姿を通して見せられるようにしよう。

自分のなかに不十分な点があるからといって、ロールモデル呈示の資格がないと思い込む必要はない。誰もがその覚悟があれば、そして、自分自身を常に向上させていく心構えさえあれば担っていけるものなのである。

2 モチベーション向上力を身につける

初心忘るべからずの姿勢をもって高いモチベーションをもち続ける

福祉職員として働く人には、その人と一緒に働くと周りにいる職員が前向きになる、プラス思考になる、もてる力が存分に果たせるようになる、ここに勤めてよかったと実感できるようになる、といったモチベーション向上力の習得と発揮が必須のものとなる。

高いモチベーションをもち続ける職員となるうえで、有用なのが、「初心忘るべからず」という教訓だ。これは、世阿弥の能楽伝書、「花鏡」のなかに示されたものである。芸を学び始めたときの芸の習得に向けた熱い想いや意気込みを忘れないようにする。初心者の頃に自分の未熟さを受け入れた素直さや謙虚さを失わず、常に自己研鑽に励み続けるという教えである。このような心構えをもって、常にフレッシュな気持ちで、日々、業務に携わる姿勢が求められている。

高いモチベーションをもって働くうえでは、初心に対するとらえ方に注意しなければならない。実は初心には二つの意味がある。一つは、働き始めたときに抱いていた熱い想いという意味。もう一つは、毎日、毎日が、新しい一日の始まりという意味である。キャリアを積み重ね、慣れ親しんでいる業務であっても、今日、取り組むのは初めてだ。頻繁に接している利用者であっても、今日、この利用者と接するのは初めてである。そのような思いをもって、業務に取り組むという意味が初心には含まれている。

慣れやおごりに気をつける

一般的に、職場環境や待遇に問題があるとモチベーションが低下しやすいといわれているが、モチベーションの低下要因はほかにもある。慣れやおごりが低下要因となることがあるのだ。今日一日の業務から新しい何かを学ぶという意気込みが低下してしまう。今日も新たな発見につながる業務に携わるという思いが欠落してしまう。こうした事態に陥ると、モチベーションは低下の一途をたどりやすくなる。毎日、毎日が新しい始まりであり、福祉職員として新しい何かを学ぶ絶好の機会である。そのような思いをもって働くことが求められるのだ。

自分のモチベーションが高いレベルで維持できる状態になると、共に働く同僚、後輩、先輩、部下、上司にもよい影響が及ぼせるようになる。他の職員のモチベーション向上に寄与できるようになる。人は身近なところにいる人の心の状態に大きな影響を受ける。喜びと希望と熱い想いをもって働く人が近くにいると、その影響を受けやすくなる。だからこそ、福祉職員として働く人は、自分のモチベーションに責任をもたなければならない。よい影響を及ぼす人にならなければならない。職場全体が、高いモチベーションで働く職員で埋め尽くされるようになれば、職場の雰囲気は明るくなる。一人ひとりの職員が示すちょっとした表情、仕草、言葉、動きなどから、働く喜びが伝わるようになる。職場に対する熱い想いやもっとよい職場になっていくという期待感が伝わってくるようになる。モチベーションが低下した職場では、職員の表情から、不安感や失望感や不信感が伝わってくる。モチベーションが高い職場では、安心感、希望、信頼感で職員の心が満たされやすくなる。その結果として、利用者の表情や態度からも、安心感、希望、信頼感が伝わってくるようになる。明るい期待と希望に満ちた、組織風土が醸成されていく。

このような組織風土づくりに貢献するためには、各職員がモチベーション・クリエーターになると決意することが必要になる。自分が示すちょっとした仕草、態度、表情、言葉などが人のモチベーションを高めるものとなるよう留意しなければならない。

3 人望力に磨きをかける

人の不安に適切に応答するという実績を積み上げていく

人望とは、人に対して他者から寄せられる信頼や期待を指す。よって、人望力とは、他者からの信頼や期待を生み出していく力と定義づけることができる。

人望力を有する人の周りには、自然と人が集まってくる。その人が自分にプラスの何かをもたらすということが伝わってくるからだ。困難に直面したり、進むべき方向がわからなくなったりしたとき、人望力のある人はその人に向き合い必要なアドバイスをしてくれる。相手が語りかけてくるのを待つのではなく、自分から相手に働きかけ、思いを汲み取っていく。

悩みや苦しみというのは、簡単に表に出せるものではない。多くの人は、もし自分が心の中に抱える悩みを誰かに相談したら、どんな反応があるか不安に思っている。人には言い出せずに、心の中にしまい続けている。

しかし、心の中に抱く不安は、何らかの形で表出する。ちょっとした仕草、言動、立ち居振る舞いのなかに現れてくる。人望力のある人は、そのような兆候を見逃さない。さりげなく、距離を詰め、寄り添う。そして、働きかけていく。自然な形で話す機会をつくり、相手が心を開き、悩みや苦しみを口にし始めるのを待つ。心を開いてくれたら、経験のなかから培ってきた知恵を総動員して、サポートしていく。

人望というと、何もしないでも人が集まってくる、人が信頼や期待を寄せてくれるものととらえられがちだが、実はそうではない。人望はこれまでの自分の働きによって積み上げられるものだ。これまで、どのような形で他者に働きかけ、信頼される人になるための取り組みを行ってきたか。どれだけ安心感を与えるような働きかけをしてきたか。こうした取り組みの結果として、人望力が手に入れられるようになる。

人望力習得のポイント

もし人望力がある人を目指すのであれば、すぐに行動を起こそう。自分の周りにいる人に、自分から働きかけていこう。声をかけるようにしよう。「いつでも私はあなたの相談に乗りますよ」「心を開いて待っていますよ」というメッセージを送り続けるようにしよう。

ただし、こうした働きかけが一部の人だけにならないよう十分な注意が必要だ。一部の人だけへの働きかけは、多くの場合、職場（部署、チーム）を分断する。声をかけられた人たちと声をかけられなかった人たちに二分され、敵対関係が生まれてしまう。働きかけを受けなかった人は、自分たちは、「嫌われている」「大切にされていない」「必要だと思われていない」と解釈する。埋めがたい溝が出来上がってしまう。一部の人だけに働きかけて人望を得ようとすると、かえって、不信感のタネを蒔くことになる。誰に対しても、平等に働きかけるようにしよう。

その際のポイントは、「好き」「嫌い」で働きかける選別をしないことだ。人間は感情の生き物である。感情をゼロにはできない。誰かに対して、「好き」「嫌い」の感情をもたないようにするのは至難の業だ。しかしながら、「好き」「嫌い」の感情に左右されない行動は起こせる。たとえ、

「嫌い」という感情を抱いている人に対してでも、やさしさ、親切、誠実な姿勢で接することは可能だ。「嫌い」という感情を超えて、やさしい表情を向ける。親切な行動を示す。誠実に接することはできる。そうすると、相手が心を開き、やさしさを返してくれるようになるケースは珍しくない。同様に、親切で誠実な姿勢で接してくれるようになるケースも稀ではない。そのような状況になれば、どうだろうか。当初抱いていたネガティブな感情は雲散霧消する。信頼をベースとした人間関係がつくれるようになる。尊敬、信頼、期待の心をもって相手が接してくれるようになる。相手に対して人望力が発揮できるようになる。

4　自己覚知力をフル稼働する

他者視点から自分をとらえ直す

自己覚知力とは、自分自身を他者視点からとらえ直していく力を指す。具体的にいえば、自分自身のものの見方、考え方、自分の感情への向き合い方、行動パターンなどを他者視点からとらえ直す。日々、自分が行っている一つひとつの業務への取り組み方を他者視点からとらえ直す一連の取り組みを指す。

日々、業務のなかで行っている一つひとつの事柄を他の職員の視点からとらえ直してみると、これまで十分にできていると思っていた業務のなかに、不十分なもの、見直すべきものが見えてくるケースがある。利用者への接遇の方法、声のかけ方、話の聞き方、要望に対する対応の方法など点検してみると、自分では大丈夫と思っていたものが、他者視点から改めて見直してみると、不十分だという事実に気づけることもある。

自己覚知の取り組みとして、必ず着手する必要があるのは、福祉職員として日頃自分が示しているすべての言動に対する振り返りだ。自分自身の視点からだけではなく、他者視点から見たとき、どう見えるかをチェックしていく。利用者から見れば、どう見えるか。どのようにとらえられるか。利用者を支える家族から見たとき、自分の言動がどうとらえられるか。地域住民が福祉職員として示す自分の言動（利用者や他の職員等に示す言動）を見たら、どのようなとらえ方がなされるか。資格取得のために来る実習生が、自分の日々の業務姿勢や言動等を目の当たりにするとどのような印象を受けるか。そして、同じ部署で共に働く職員（先輩、上司、同僚、後輩、部下）や他部署・他職種の職員から見れば自分の言動がどのように受け止められるか、を振り返る。

自己覚知実践のポイント

自己覚知の取り組みとして、自分自身を見つめ直す際のポイントは次のように整理できる。

①自分が示す日々の言動が他者から信頼されるものになっているか。
②自分が示す日々の言動が他者に希望を与えるものになっているか。
③自分が示す日々の言動が他者に安心感をもたらすものになっているか。
④自分が示す日々の言動が他者に勇気をもたらすものになっているか。
⑤自分が示す日々の言動が傷つき経験をした人を支えるものになっているか。
⑥自分が示す日々の言動が他者に寛大さ（寛容さ）を示すものになっているか。

自分自身を見つめ直した結果、不十分な点、不適切な点などが特定できた場合は、その原因を考え、修正に向けて行動を起こすようにする。十分に、あるいは、ある程度できているという部分についても、何もせずに終わらないようにする。よりよきものにするためにはどうすればよいかを考え、行動を起こす。

この段階では、深く掘り下げるまでの取り組みに至らなくても大丈夫だ。この取り組みを通して、「信頼される人になる」「希望を与える人になる」「安心感をもたらす人になる」など、自分が目指すべき方向が確認できれば十分である。

次章以降で、自分自身を見つめ直す際のポイント一つひとつについて、詳しく説明していく。各章で示されたポイントに留意しながら、信頼と希望と安心感をもたらす職員となるための歩みを一歩一歩確実に進めていこう。

第 6 章

信頼される人になる

1　信頼は信用の積み重ねの結果としてもたらされる

信頼される人になるためには、信用を得るための取り組みに日々努力邁進しなければならない。信用とは、過去から現在までの実績によって積み上げられていくものである。過去から現在に及ぶ信用の積み重ねが、揺るぎなき信頼へとつながっていくのである。

信用を得るための取り組みとしては、次の二つがある。一つはこれまでの歩みを振り返り、現在どのような行動を起こして信用を積み上げていくかを明確にしていくというアプローチだ。もう一つは、信頼される人が示す行動特性を習得し信用獲得を確実なものとするアプローチである。ここではまず、これまでの歩みを振り返るアプローチから紹介する。

2　これまでどのような信用を積み上げてきたか振り返る

これまでの歩みを振り返り、信用を積み上げるための行動を明らかにするアプローチは二つに分類できる。一つは、信用向上につながった事例を振り返り、さらなる飛躍に向けて何をしていくか明らかにしていくというものだ。もう一つは、逆に、信用低下につながった残念な経験を踏まえて、今後、同じような失敗をしないように何をしていくかを考えていくというアプローチである。
具体的な取り組み事例は次のとおりだ。

信用向上事例と飛躍に向けた行動指針

例①

・**信用向上につながったと思われること**
どのような業務に対しても心を込めて行うようにしている。皆が避けるような業務や組織内であまり重要視されていない業務に対しては、より強く心を込めて取り組むよう心がけている。

・**飛躍に向けた行動指針**
今後もどのような業務も分け隔てなく、心を込めて従事するようにしていきたい。

例②

・**信用向上につながったと思われること**
他の利用者に対して、叩こうとしたり、突き飛ばそうとしたりする行為を示す利用者（八二歳、認知症、男性）に対して、そばに寄り添い、ゆっくり時間をかけて信頼関係を築くよう努めた。今ではそばにいるだけで、落ち着いて過ごしてくださるようになった。

・**飛躍に向けた行動指針**

自分が利用者と築いた信頼関係が、他の職員も築くことができるよう、自分の経験を伝える機会をもつようにする。

例③

・**信用向上につながったと思われること**

利用者（三二歳、重度知的障害、ダウン症）とうまく信頼関係がつくれない職員に対して、どのようにして自分が関係づくりをしていったかを伝えた。それを踏まえて、関係づくりにチャレンジし、数か月後には、信頼関係の構築につながった。

・**飛躍に向けた行動指針**

今後は他の利用者に関しても、「支援の際のポイント」をノートに書き出し、他の職員と共有できるようにしていく。

例④

・**信用向上につながったと思われること**

連絡ノートの書き方がうまく把握できずに記入に時間がかかっていた保育士に、記入の際のポイントを記したメモ書きを渡した。大幅に時間短縮が図れるようになった。

・**飛躍に向けた行動指針**

今後、早い機会に、連絡ノートの書き方に関する手順書の作成に取り組み、新しく入職する職員に配付する。

例⑤

・**信用向上につながったと思われること**

レクリエーション活動が盛り上がりに欠け、参加を誘っても、断りを入れる利用者が増えてきた。レクリエーション活動について情報収集したうえで、活動メニューを刷新したところ、活況を取り戻し、参加者が大幅に増えるようになった。

・**飛躍に向けた行動指針**

今後は、三か月に一回の頻度でレクリエーション活動の見直しに向けた会議を開催し、定期的に内容の刷新が図れるようにする。

信用低下事例と信用獲得に向けた行動指針

例①

・**信用低下につながったと思われること**

昼食後の時間、ベテラン職員から食事介助のペースが遅く時間内に終われていないとの指摘を受けた。自分としては、利用者のペースに合わせて介助をしていただけで、正しい介護をしていたつもりだったので、イラッとしてしまった。横を向いて、「わかりました」と答え、その場を離れたのだが、その職員の顔を見るだけで、気まずい気持ちになる状況が続いている。

・**信用獲得に向けた行動指針**

他の職員から、何か指摘を受けるときには、冷静に聞き取るようにする。「悪気はない」「私のことを考えて成長してほしいと思って言っているだけ」ととらえるようにする。ベテラン職員に対しては、あいさつ以外ではほとんど言葉を交わさない状況が続いているので、一日一回だけでも、何か理由をつけて、話をするよう心がける。

例②

・**信用低下につながったと思われること**

知的障害のある利用者を活動に参加するよう誘ったところ、「いやだ！」と強い口調で叫び、廊下に座り込んで動かなくなってしまった。こちらも、大きな声で「ほら行くよ！」と言ったところ、今度は寝転んでしまった。「もう知らない」と言い捨てて、その場を離れた。他の職員は周りにいたが、この出来事について何か指摘を受けることはなかったが、きっとよく思われていないと思う。

・**信用獲得に向けた行動指針**

利用者を支援しようとするとき、自分のペースで動かそうとしてしまう傾向がある。思いどおりに動いてくれないと苛つきを利用者に示すこともある。今後は、ゆったりと働きかけ、自分のペースで動かそうとしないようにする。私が誘っても動こうとしない場合は、間をとってからもう一度誘うようにする。それでもうまくいかない場合は、他の職員と入れ替わって誘うようにする。

私が働きかけてもうまく動いてくれないとき、抵抗しているとか、逆らっているとか、甘えて動こうとしないなど、とネガティブなとらえ方をしないようにする。原因をじっくりと考えてアプローチするように努める。

例③

・**信用低下につながったと思われること**

自分が苦手だと思うような業務を頼まれると、生返事になり、不快感を示してしまうことがある。最近は、先輩や上司から何か仕事を任されたり、頼まれごとをされたりする機会が少なくなったような気がする。

・**信用獲得に向けた行動指針**

今後、もし何か頼まれたときは、苦手な業務であっても、「はい」と明確に返事する。どのような手順や方法で取り組めばよいかわからないときは、自分だけで解決しようとせず、その業務に詳しい人に頭を下げて聞くようにする。わからないことが聞けないのは、できない人だと思われたくないという思いが心にあるためだと、何かの本で読んだ。今後は、できないことが恥ずかしいことではなく、できないことを隠して、できるようになろうとしないことが恥ずかしいことだと自分に言い聞かせるようにする。

例④

・**信用低下につながったと思われること**

主任から書類の提出を頼まれていたのに、期限内に提出できないでいた。締切日が何日か過ぎたところで、主任から書類の提出はどうなっているのか、と催促を受けた。「ほかにいろいろと仕事に追われていたために遅れました」とその場で思いついたことを言い訳として伝えた。主任は、「急いでね」と言っただけで、その場を離れた。数日後に提出したが、何だか気まずい思いが今も残っている。

・**信用獲得に向けた行動指針**

提出が遅れたのは、実は、業務が立て込み、手がつけられなかったからではなかった。

業務はいつもどおりで、特段、あのときが忙しいわけではなかった。書類作成に苦手意識があるために、頼まれたままずっとほったらかしにしていたというのが実情であった。

今後、何か頼まれたときには、締切日から逆算して、いつからどのように行動するか行動計画を立てるようにする。苦手なことを頼まれた場合、頼んできた職員に、どのように取り組めばよいか素直に聞くようにする。

例⑤

・信用低下につながったと思われること

利用者の家族から、送迎の順番と車に乗せるときの方法について要望を聞いたのに、他の職員に伝えるのを忘れてしまった。翌日、他の職員が送迎の当番であったが、連絡を受けていなかったので、いつもどおりの順番で迎えに行き、いつもどおりの方法で車に乗せてしまった。あとで、家族が頼んでいたことをやってくれないとクレームの電話が来た。電話を切る前に、「きちんと頼んでいたのに、信用できない」との厳しいひと言もあったとのこと。電話で

のクレームを聞いてすぐに、家族に謝罪の電話を入れた。そのときは、もう気持ちが収まっていたのか、「いつもお世話になっているからいいですよ」とやさしい返答がいただけた。

・**信用獲得に向けた行動指針**

家族から要望があり、対応したときには、必ず、記録に残すようにする。そのうえで、口頭で他の職員に周知徹底する。今後はどのような些細なことであったとしても、報告漏れや連絡漏れがないようにする。一つの連絡ミスが、職場全体の評価の失墜につながる事態になることを肝に銘じる。

3　信頼される人になるために身につけるべき姿勢

続いて、信頼される人が示す行動特性を習得するためのアプローチにチャレンジしよう。信用を積み上げ信頼される人になるために身につけるべき姿勢は、長年にわたる社会福祉実践の現場とのかかわりをもとに得たデータを参考にすれば、次のように整理できる。

①周りの職員に対する目配り、気配り、心配りを欠かさない

信頼される職員は、周りの職員への目配り、気配り、心配りを欠かさない。注意深く、その様子を見守る姿勢を示す。気づく感性を最大限働かせ、何かサポートが必要なことに気づいたら、さりげなく手を差し伸べる。

目配り、気配り、心配りは、特別なときだけにするのではない。何もなさそうに見えるときにも忘れないようにする。さりげなく声をかける。コミュニケーション・スキルを駆使して、リラックスするような話をする。気持ちが晴れ晴れとするような話をする。あいさつも重要だ。一日の勤務のなかで初めて会う職員に対しては、どんなに長年一緒に働いている人であっても、心を込めたあいさつを欠かさないようにする。そうすることによって、相手は、自分に関心をもってくれる人が職場内にいることが実感できる。いつでも支え、サポートしてくれる人がいることが実感できるようになる。

人にとって大きな支えとなるのが、自分に関心をもってくれる人がいると確信することだ。長年にわたって愛の本質を説き、行動でも示してきたマザー・テレサは、愛の反対は無関心だと主張していた。愛の反対が無関心であるならば、愛は関心によって示されると断言できる。目配り、気配り、心配りは関心を他者に届ける行為だ。マザー・テレサが唱える愛に基づく行為といえる。目配り、気配り、心配りによって届けられる関心が愛をもたらし、愛が信頼をもたらすようになるのである。

②誰とでも分け隔てなく人と接する

すべての人を認め大切にする

信頼される人は、分け隔てなく人と接することができる。一部の人とは、よくコミュニケーションをとっているが、他の人に対しては「知らないふり」を決め込み、無視するかのような態度は示さない。すべての人の存在を認め、大切にする姿勢を示す。

この姿勢を貫くには、強い決意が必要だ。何があろうとも、分け隔てなく接する行動を選択するという決意が必須要素となる。人の心には感情があり、他者の言動、立ち居振る舞いなどを、感情でとらえるという特性がある。その人の存在や行動を快・不快、緊張、困惑、おそれ、好き・嫌い、不安、喜び、などといった感情でとらえる。ポジティブな感情を抱く人に対しては、スムーズに何のためらいもなく、接することができる。先の項目で取り上げた、目配り、気配り、心配りも躊躇《ちゅうちょ》なく容易にできる。その行為を妨げるものは何もない。

しかし、不快、嫌い、不安、困惑などといった感情を抱く人に対しては、無意識のうちに距離を置くようになる。接点を少なくしよう、あるいは、かかわりを制御しようという思いが心を支配する。その結果、かかわりが希薄になる。言葉を交わす機会も少なくなる。たとえ、交わすことがあっても、相手に対して心は閉ざしたまま。話を聞いても、言葉が心の奥底まで浸透しない。心は通い合わず、うわべだけの心のやりとりとなる。

常に正しい行動を選択する

人間には、こうした心理的特徴があるので、素のままでは、分け隔てをしながら人と接するという特性を示してしまう。ポジティブな感情をもつ人に対しては心を開いて頻繁に話す機会をもち、そのなかで十分に心を通わせていく。他方、ネガティブな感情を抱く人とは話す機会も最小限で話をしたとしても心が閉じた状態になる。よって、信頼を得る人として、「分け隔てなく人と接する」ようになるためには、決断と実行が必要になる。たとえ相手がネガティブな感情を抱く人であっても、分け隔てなく接する行動を選択すると決断し、行動を起こす必要があるのだ。

愛は感情ではなく、選択であるといわれる。大学野球で強打者として活躍し、後に牧師に転じた安食弘幸は、愛は感情ではなく、意思であり選択であると断言する。愛は感情を生み出すが、感情が愛を生み出すのではない。愛は意思と選択によって示されるものとの見解を示している。

分け隔てなく接するという行為は、まさに人に対する愛からもたらされるものである。愛は、人を大切にするものであり、親切にするものだ。思いやりやさしさを示し、心を通わせるものである。愛に基づき、人と分け隔てなく接するようになるには、明確な意思と選択が必要とされる。固い決意をもって、選択しなければ、人はネガティブな感情の支配下に置かれたままになる。ネガティブな感情を抱く人を心から排除し続ける状態が続くことになる。その呪縛から自らを解き放つために、どのような感情を抱く人であっても、分け隔てなく接するという確固たる姿勢を貫くことが求められている。

③柔和で穏やかな姿勢を貫く

■柔らかい物腰で応答する

やさしさに満ち、穏やかであるのは、信頼される人に共通に見受けられる重要な特性の一つだ。やさしく穏やかな人は、人を攻撃しない。人を遠ざけてしまったり、恐怖感を抱かせたりしてしまうような態度、姿勢、言動は厳に慎む。相手が感情的、批判的、威圧的、攻撃的な態度を示しても、感情的な反応はしない。常に柔らかい物腰で応答する。

柔和で穏やかな人になるためには、常に共感的姿勢をもつことが求められる。自分の視点だけで人（言動も含む）を見るのではなく、他者視点からとらえるようにする。**自分を相手の立場に置き、その人が置かれている状況から、物事をとらえるよう努める。**

人は、自分の視点で、他者の言動をとらえようとすると、言動を「よい」「悪い」のいずれかでとらえるという誘惑にとらわれる。何があったのかという事実の把握ではなく、「よい」「悪い」とジャッジする。すなわち、審判することに力を傾けるようになる。相手の置かれている状況に対して思いやりをもって察しようとはしないので、相手の言動に対して厳しい判断を下してしまうケースが多くなる。相手が「悪い」と判断してしまうようになる。

相手に対してネガティブなとらえ方をすれば、その人に対する言動は、柔和で穏やかなものにはならなくなる。否定的、批判的、攻撃的なものになる。表舞台で批判をすることがなくても、気心の通じた人と一緒になって、陰口をたたく方向に進みやすくなる。

常にゼロベースで相手を知るようにする

相手の立場に立って、他者と向き合える人になるには、これまでの経験で得た相手に対する思いや知識をすべて手放す覚悟も必要だ。私たちは無意識のうちに自分以外の人に対して、いろんな感情をもつようになる。これまでのかかわりのなかで、見聞きしたその人たちの言動に対して、心が反応してしまい、ネガティブなとらえ方で見るようになる。こちら側の一方的な視点からその人たちをとらえてしまい、ネガティブな視点で見るようになってしまっているケースがある。相手の立場に立つには、これまでの経験で心の中に出来上がってしまった、その人たちのイメージを手放さなければならない。

具体的方法はシンプルだ。「私は、その人のことをまだ知らない。理解していない」と自分に言い聞かせる。続いて、「これから、その人を正しく知るための旅が始まる」「私はまだ何も理解していない。ゼロから、その人のことを学んでいく」といったことを心の中で念じながら、向き合うようにする。

思い込みが他者理解を妨げる

私たちが人を理解するうえでの最大のハードルは何だろうか。理解力だろうか。コミュニケーション能力だろうか。これらが不十分な状態にあるとすれば、確かにハードルにはなる。が、最大のハードルは別の所にある。私たち一人ひとりの心の中にある。それは「もうその人のことはわかっている」という思い込みだ。これが相手の立場に立って、他者と向き合える人になるための旅路を妨げる最大の要因になる。こうした思い込みを手放すのに有効な手段となるのが、「まだわかっていない」「まだまだ学べることはある」という謙虚で真摯な姿勢である。**誰に対しても常に学ばせていただくという意識をもって行動することが求められているのである。**

相手の立場で物事を見る習慣ができれば、落ち着いて、人の言動に応答できるようになる。ネガティブモードで言動をとらえるのではなく、思いやりの心をもって、とらえられるようになる。柔和で穏やかな物腰が身につけられるようになる。人の心に、信頼感だけでなく、心の穏やかさ、安らぎ、安心感などをもたらすことができるようになる。

④悪口を言ったり、陰口をたたいたりしない

■信用失墜の片道切符

悪口や陰口をたたく人で、信頼を得る人はいない。悪口や陰口は、信用失墜の片道切符だ。失敗したと思って、リターンチケットを購入しようとしてもどこにも売っていない。悪口や陰口で落とした信用の回復は容易ではない。長期間、回復できず、苦しむことになる。

なぜ、そうなるのか。主な理由は次のように整理できる。第一の理由は、悪口や陰口が誤った見立てでなされることにある。それらは、ある特定の人の行動や言動に対する誤った解釈から始まる。いつ、どこで、どのような状況のなかで、何があったか、その背景は何だったか、何がそのような言動を生み出すものになったかという形で、事実を精査したうえで、発せられるものではない。ある行動や言動に対する一方的な解釈によって生み出される。しかも、他人の耳元に届けるときには、枝葉がつく。悪口や陰口を、より信憑性ある形にして伝えようとする心理が無意識のうちに働くからだ。

枝葉をつける際の手法は極めて巧妙だ。「こんなこと言った」「あんなこと言った」と断定的な表現は用いない。「こうだったらしいよ」「こんなふうにしたらしいよ」「きっとこんなふうに思っていたんだろうね」という形で発言する。断定的に言わなくても、悪口や陰口を聞いている人は、話の流れのなかで〝事実〟であったかのように解釈する。事実に基づかない発言のうえに、枝葉をつけるような発言をするので、ありのままの事実が発覚し、根拠のない発言で

あったことがわかれば、信用は一気に失墜する。回復困難なレベルまで落ちてしまう。

■悪口・陰口は多くの人を巻き込み苦痛を与える

信用失墜につながる第二の理由は、悪口や陰口を聞いた人を巻き込むことにある。うかつに信じてしまった人は、後で、それが単なる悪口や陰口で事実に基づかないものだとわかると良心の呵責《かしゃく》に苦しむ。悪口や陰口の対象となっている人が、自分にとって親しく感じている人である場合や好意的な感情を抱く人である場合は、話を聞くこと自体が苦痛になるケースもある。その場で、反論しなかったことに対して、自責の念を抱き苦しむことになる。この場合も、ひとたび自分が聞かされていたことが事実無根だとわかれば、吹聴した人に対する思いは嫌悪感へ変化する。信用はゼロのレベルまで低下する。

巻き込まれた人で最もダメージが大きいのは、悪口や陰口を真に受けて、他の人に伝えてしまった人たちだ。その場合、彼らも誤った見立ての吹聴者となる。人を傷つける人になってしまう。最初の吹聴者だけでなく、安易に吹聴した彼ら自身も悪口や陰口の加担者となる。信用が失墜した人の仲間入りを果たしてしまうのだ。

■長期間、傷がうずき続ける

悪口や陰口によって失墜した信用が回復しにくい三つ目の理由は、その対象となった人の心の傷が長期にわたってうずき続けることにある。悪口や陰口は、対象となった人の心に大きな傷をつけるものとなる。身体の傷とは異なり、容易に治癒しない。表面上、平穏そうな表情になり、傷が癒されたかのように見えても、ちょっとしたきっかけで傷がうずき始める。悪口や陰口を言った人の顔を見るたび、傷がうずく。吹聴した人だけでなく、それを黙って聞いていた人に対しても顔を見るたびに大きな心の痛みに見舞われる。

痛みはちょっとしたきっかけでぶり返してくる。長期にわたって、痛みで苦しみ続けることになる。身体の傷の場合は、適切な治療が施されれば、多くの場合、痛みはなくなる。治癒も可能だ。しかしながら、悪口や陰口によって、傷つけられた心は、容易には癒せない。

「時は薬なり」という言葉がある。どのような傷も時間の経過によって治癒されていくという意味で用いられる。たしかに、時間が心の傷に対しても、ある程度の「癒し」をもたらすことがある。が、悪口や陰口によって傷つけられた心は、完全治癒とはなりにくい特徴がある。本人は治癒したと思っていたとしても、悪口や陰口を言った人の顔を見た瞬間に痛みがぶり返してしまうのだ。顔を見なくても、その人の存在を何らかのきっかけで思い出しただけでも、大きな痛みを感じることがある。悪口や陰口の対象となった当事者の視点からいえば、言われたことをすべてゆるし、なかったことにするのは至難の業だ。実際にどんなことを言われたかは忘れたとしても、そのときに感じた心の痛みや苦しみは容易に手放せない。人の心に大きな傷を残し、回復が困難であるので、信用回復は困難を極めるものとなる。

面と向かって、謝罪をし、それを言葉では受け入れてもらったとしても、うずきが瞬時に消え去るとは限らない。その後も、悪口や陰口を言われた人の心はうずきに苦しむことになる。

■ 失った信用は簡単には回復できない

誰かに対して、悪口や陰口を言ってしまったら、あらゆる機会を見つけて謝罪するよう努めなければならない。が、一度失った信用の回復は困難を極める。だからこそ、声を大にして言わなければならない。信用を失う人にならないようにするために、悪口や陰口にはしらないようにしよう。もし誰かに対して、ネガティブな感情をもった場合は、自分はその人のどのような言動に〝反応〟しているのか、冷静に点検するようにしよう。心を反応するのに任せていると、高い確率でネガティブなとらえ方へと暴走していく。それが悪口や陰口のきっかけになることもある。

他者に向き合うときには、冷静に事実だけを見つめるようにする。「仕事がのろくて困る」と見てしまう人がいるとしたら、「のろくて」「困る」という主観的判断をそぎ落として事実だけに注目したとらえ直しをする。そうすると、例えば、「利用者の着替えの支援に一人当たり一〇分ほどかかっている」といった事実が正確に把握できる。どのような理由でそうなっているかを点検してみると、利用者一人ひとりのペースを尊重しているから遅くなっているのではなく、着替えの手順と段取りに問題があることがわかる場合がある。このような場合、適切な方法を本人が理解できるよう、わかりやすく具体的に伝えればよいのだ。責めたり、批判したりするような伝え方ではなく、相手が素直に受け止められるよう伝え方を工夫する。

悪口や陰口は信用低下の片道切符だ。元に戻すのは極めて困難なので、決して利用しないようにしよう。

⑤思いやりの心をもって接する

■ケアの心をもって人と向き合う

思いやりは、相手の人の立場に立って考え、行動することを意味する。漢字では、「思い」「遣り」と書くので、相手に対するやさしい思いを相手に確実に責任をもって届けることを意味すると説明できる。

思いやりは和英辞書などを見ると、コンシダレーション（consideration）やシンパシー（sympathy）といった訳が当てられることが多いが、本来の意味からすれば、ケア（care）と訳すのが正確かもしれない。

なぜなら、ケアという単語に思いやりという言葉に内包された次の三つの意味が含まれるからだ。

ケアの第一の意味は、「大切にする」である。人やもののことを大切に思い入念に扱う、慈しむ、慈愛を示すという意味もある。肌をケアするという場合には、入念にプラスになるよう何らかの働きかけをするという意味になる。その方法はさまざまだ。流動水で入念に手を洗うという形で行われることもあれば、シャワーや入浴などでスキンケアがなされる場合もある。

化粧水などを塗布して潤いを与える場合もある。大切にするためのすべてのアプローチがケアという言葉のなかに秘められている。

二番目の意味は、気遣いや共感という意味である。英語で、「care about」という場合は、誰か（何か）を気にかける、気遣うという意味になる。「care for」という表現が使われる場合は、誰かの立場に立って考えるという意味となる。

三番目の意味は、極めて重要だ。大切にしたり、共感したりするうえで、条件を課さないという意味がある。どのような状態にあろうとも、その人を無条件に受け入れる姿勢が示されている。批判せず、責めずに受け入れ、親切にしていく。慈しんでいくという決意と覚悟が含まれている。

■無条件で大切にする

福祉領域ではケアという言葉が、あらゆるところで用いられている。ケア・ワーカーは介護職員の意味で使われる。ケアマネジャーは介護支援専門員を指す。高齢者ケア、チャイルド・ケア、障害者ケアなどという表現が用いられることもある。福祉に関する文章のなかで、「利用者をケアする」「障害者をケアする」「高齢者をケアする」などといった形で表記されることもある。どのような形で用いるにせよ、ケアという用語を用いるのであれば、本来の意味に内包された、無条件で大切にという意味が込められていなければならない。一部の人のみを大切にする、何らかの条件を満たす人のみに慈しみの姿勢を示すといった使い方は許されないのである。

他者に対する思いやりは、ただ自分の心の中に有するだけでは何の意味もない。あらゆる手段と方法を用いて、伝える工夫をしなければならない。相手の心に確実に届け、信頼と希望と安心感をもたらす人とならなければならない。

⑥ゆったりと落ち着きがある振る舞いをする

ゆったりとして、落ち着き払った振る舞いは人の気持ちをリラックスさせる。その振る舞いを見る人にも安心感をもたらす。その振る舞いをする人自身も、心の平静さを保てるようになる。安心感を自分にも人にももたらせられる人は、他者から信頼の眼差しで見られるようになる。

落ち着きない振る舞いをする人に対して、人は真逆の反応を示す。心は動揺し、不安な気持ちが強くなる。何ともいえない焦燥感に駆られてしまう。落ち着きない振る舞いは他者だけに影響を及ぼすのではない。そのような振る舞いを示す本人も動揺させる。焦りや不安感で心の中をいっぱいにするという作用が働いてしまう。落ち着きない振る舞いが修正できなければ、当然のごとく、信頼は得られなくなる。

ここで考えてみよう。どうすればゆったりとした落ち着きある振る舞いが示せるようになるだろうか。取り組みの第一ステップは自己点検から始まる。日頃、どのような態度や姿勢で業務を行っているか振り返ってみる。通常の業務場面でどのようなスピードで動いているか、話をしているか振り返る。点検の際には、他者視点で行う。他の職員から見れば、どう見えるかを考える。

第二ステップはリストアップだ。慌ただしく動いてしまう場面をリストアップする。どのような業務場面で焦りや不安を感じ、動きが慌ただしくなるか、落ち着きのない動きや言動になるかをリストアップするのだ。

第三ステップはさらなる絞り込みだ。リストアップした場面のなかから、一つか二つ、慌ただしい振る舞いをしてしまう場面を選び出す。

そして、最終の第四ステップに入る。特定した場面では、ゆったりとした動きをすると強く意識し、実際に、身体の動きもゆったりとしたものにする。呼吸もゆったりと深いものにする。歩くような場面であるなら、いつもより意識的に二割ほどペースを落としてみる。「ちょっと遅いかな」というスピードでよい。話をする場面であるなら、ゆったりと間をとりながら話すよう心がける。相手が何かを話して、答える場合の応答も、いつもよりゆったりと間をとったものにする。

ゆったりとした動きや話し方、話の聞き方、応答の仕方を心がけていくと、まずはその行動を示す自分自身の気持ちが落ち着きやすくなる。焦燥感や不安感から解放されやすくなる。そ

の姿を見る他の職員も、気持ちが落ち着きやすくなる。話をしても焦りを感じにくくなる。安心感に浸りやすくなるので、信頼感をもって接することができるようになる。

ポイントは、ゆったりとした動きだ。動きは他者に対する、重要な非言語メッセージとなる。どのような動きを目にするかによって、人の心の状態は大きく変わってくる。プレッシャーを与えず、落ち着いて、業務に取り組めるよう、ゆったりとした動きで安心感が得られるよう心がけなければならない。

⑦言動に一貫性がある

明確な信念をベースとして行動する

他の職員から厚い信頼を得る人は、明確な信念のもとに行動する。福祉に関する最新の倫理や価値、理念等に依拠しながら、一貫性のある考えを示す。同じ職場で働く人にとっては、安心して話を聞くことができる。言動にぶれがないとの印象を強く与えるからだ。

しかしながら、全くぶれないから、信頼されているわけではない。どんな人も発言は変わることがある。厳密にいえば、この世に発言が変わらない人はいない。誰もが状況の変化によって発言内容に修正を加えることがある。数か月前に示した見解とは異なる見解を示すことはある。

例えば、管理監督者の立場にある人の場合を考えてみよう。責任ある立場で働いているが、一度示した経営方針や運営方針に変更を加えないということはない。社会福祉の法制度は時代の要請を受け、バージョンアップが図られる。法制度の変化に応じて、方針転換が余儀なくされることはある。サービス提供の手順や方法などを変更しなければならないこともある。

最前線で働く福祉職員の場合もさまざまな変更を迫られるケースがある。利用者に対する支援方法について、新たな支援方法などが提案され、それが適切で望ましい方法であるということが確認できた場合は、かつての支援の手順や方法に変更を加えることが必要になる。

■正しい考え方に従う姿勢を貫く

言動に一貫性があるというのは、変化を皆無にするとの意味ではない。常に適正で的確な考えに基づく言動を一貫して示すことを意味する。これまでの考え方とは異なるものが提示され、それが科学的な手段による検証等によって、より優れた方法であると確認された場合は、ためらわず適正な方法に変更していくことが求められるのだ。

こうした形で変更が示されるのであれば、聞き手は〝ぶれた〟との印象は受けない。短期間のうちに方針や主張に変更を加えたとしても、「朝令暮改」との印象は受けにくくなる。むしろ、自分の主張に執着せず、柔軟に変化を受け入れる姿勢が高く評価されるようになる。信頼を失うどころか、高まっていく。正しい考え方に従うという方針にはぶれがないからだ。一貫性が保たれているからである。

信頼される人は、自分の主張に拘泥《こうでい》しない。変わるべきときに変わる姿勢を躊躇なく示す。

マネジメント論の領域では、組織にとっての最大のリスクは、変わるべきときに変わらないことだとの主張がなされている。これは組織だけでなく、組織に所属するすべての人に適用できる。信頼される職員となるうえでの最大のリスクは、変わるべきときに変わらないことだ。

変化に柔軟な姿勢を示しつつ、適正かつ的確な考えに基づき、一貫性ある言動に努めることが求められている。

⑧言わなければならないことは責任をもって伝える

■適切な発言は信頼向上につながる

厚い信頼が寄せられる人は、「主張すべきときに適切かつ的確な方法で主張する」、さらには、「声を上げるべきときに適切かつ的確な方法で声を上げる」という行動スタイルを堅持する。意見や声を上げなければならないとき、その責任から逃げようとする姿勢は示さない。会議の場や何らかの公の場などで、声を上げる必要があると判断したときには、落ち着いて冷静に、根拠を明示しつつ、自分の考えをしかるべき場で、しかるべき方法で整然と述べていく。誰か特定の個人に対して、意見を伝える必要があると判断した場合も、速やかに行動に移す。機会を見つけて、声をかけ、わかりやすく丁寧に、相手が納得できるよう自分の意見を表明する。うまく伝わらなかったときは、しばらく間をおいて、さらに工夫を加えて、思いを伝えるよう努力する。

発言すべきときに発言せずして、意見を言うべきときに言わずして、信頼を得ることはできない。どのような業界や業種であろうと、働く人はすべて、自分が所属する組織をよくしていく責任がある。共に働く人が成長を図れるよう、あるいは、もっとよい仕事ができるようサポートしていく責任がある。間違った業務手順や方法、不適切な接遇姿勢等がある場合は、修正するよう伝える責任がある。見て見ぬふりはやさしさではない。責任の放棄となる。万が一、利用者にとって不利益をもたらすような姿勢を他の職員が示している場合、それに気づいたのに何も発言しなければ、利用者はどう思うだろうか。事実を把握したのに何もしないし、発言しない人は、不適切な業務の加担者とみなされるケースがある。

なぜ声を上げる必要があるかを正しく理解する

本当に利用者を第一に考える福祉職員を目指すのであれば、声を出すべきときに出さずにいることをよしとする姿勢とは決別しなければならない。声を上げるのは第一義的には利用者を守ることになる。もう一つの重要な意味は、不適切な業務スタイルや接遇姿勢に陥った同僚や後輩、先輩などをその状態から解放するための取り組みに着手することを指す。

もちろん、指摘する際には、慎重を期さなければならな

い。頭ごなしに責めるような姿勢ではなく、冷静に落ち着いて、事実を確認しながら、改めるべき点を指摘するよう努めなければならない。本人が自分の過ちに気づき、修正に向けて行動できるようサポートしていく。状況によっては、声を上げて指摘する役割を他者に託すケースも想定できる。声を上げなければならない相手がベテラン職員で勤務経験に大きな差があり、直接指摘することが困難であるケース。あるいは、相手が直属の上司であり、その人が部下に対して、パワーハラスメントを働いているケースだ。こうした場合は、職場内のしかるべき部署やしかるべき立場の職員にどのようなことが生じているのか、伝えて、適正かつ的確な対応をしてもらうようにする。

こうした手段に及ぶのは自分の責任を放棄したことにはならない。適切な方法で、自分の声や意見を、しかるべき部署にいる、しかるべき立場の職員に伝えたことになる。よって、責任を十分に果たしたと判断できる。信頼に値する行動といえる。

[参考文献]
安食弘幸『新たな可能性を掘り起こせ――ビジネスマンの金言集』イーグレープ、二〇一〇年
片柳弘史『世界で一番たいせつなあなたへ――マザー・テレサからの贈り物』ＰＨＰ研究所、二〇一五年

注：本章で紹介した「3　信頼される人になるために身につける姿勢」は、以下の連載に執筆したものを加除筆修正したものである。
久田則夫「介護現場のリーダー論――どうすれば信頼と希望と安心をもたらすリーダーになれるか　第3回　信頼されるリーダーになる」『ふれあいケア』全国社会福祉協議会、二〇二〇年七月号、五四～五六頁

第 7 章

人の心に希望の光をともす人になる

1 苦難のときに必要とされる希望の光

福祉職員が専門職として果たすべき重要な役割は、何だろうか。その一つは、人の心に希望の確かな光をともすことだ。利用者に対して光をもたらす存在になるのは言うまでもない。同時に、共に働く仲間にも、希望をもたらす人になるよう努めなければならない。希望は誰の心にも、大きなプラスのエネルギーをもたらすからだ。

人は誰もが人生のなかでさまざまな困難や試練に遭遇する。あなたの周りにいる方々を心の中で思い浮かべてみよう。生まれてから今このときまでに一度も苦しい経験をしたことがない人がいるだろうか。表面的にはどんなに幸せそうに見える人であったとしても、この世に苦難を経験したことがない人はいない。巨万の富を有する人であったとしても例外ではない。幸せのシンボルといえるような家庭環境のなかで生まれ育った人であっても、苦しみは経験する。例外は皆無と断言できる。

苦難や困難には、客観的に見れば、小さく見えるものもあるし、大きく見えるものもある。それらをどうとらえるか、どう感じるかは、人それぞれだ。小さく見える苦難が大きなダメージを与えるものである場合もあれば、大きく見える苦難がもたらすダメージが思ったよりも小さいというケースもある。今、苦難に置かれている人がどのような人生を送ってきたか、どのようなもののとらえ方、感じ方、価値をもって生きているか、置かれている環境など、さまざまな要因によって、同じくらいの困難、苦難、試練が大きなダメージをもたらすものになったり、小さなダメージで済んだりする場合がある。

2　希望がもたらす作用

苦難、困難、試練の〝特効薬〟となるのが希望である。希望は前向きな展望を人にもたらすので、同じような苦境にあったとしても、それを小さく感じさせてくれる。暗くて長いトンネルの中にいて、全く出口が見えない状況であっても、必ずその先には出口があるという期待感をもたらしてくれる。ポジティブな思いを人の心にもたらし、必ずよくなるという思いを強めてくれる。

希望には、人に前に進む力と勇気をもたらす作用もある。人は苦しい状況に長く置かれると、力が奪われた状態になる。意欲が減退し、エネルギーが枯渇した状態に陥ることがある。にっちもさっちもいかない状況のなかで、力を与え、心を奮い立たせてくれるのが、希望の光なのだ。希望は一歩前に進むためのエネルギーをもたらす。前へ前へと歩み進める勇気をもたらしてくれる。

希望には人を進むべき方向にいざなう作用もある。トンネルの中にある非常灯のような役割だ。トンネルの中で立ち往生し動けなくなったとき、人を安全地帯へと導いてくれるのが非常灯である。暗がりのなかにあっても、非常灯が指し示す方向に向かっていけば、安全に外に出ることができる。不安から解放される。人は多くの場合、苦難や困難などに直面すると、進むべき方向がわからなくなる。暗中模索の状態になる。その結果として、大きな不安感に苛《さいな》まれるようになる。厳密に言えば、苦難や困難が人に不安をもたらすとは限らない。出口がどこにあるかわからないことが大きな不安を与えるのだ。どの方向に向かえば安全で安心なところにたどり着けるか見通しがないから強い不安感に苛まれるのである。そのような状況からの解放をもたらしてくれるのが、希望である。

3　職場に希望の光を届ける人になる

人の心に希望の光をともすという重要な役割を日々の業務のなかで果たしているのが、福祉の職場で働く職員一人ひとりだ。一人では希望を見出すことが困難な人たちに、生きる喜びという希望の光を届ける仕事に携わっている。希望の光を届ける相手は、利用者やその家族だけではない。共に働く仲間も重要なターゲットだ。

福祉の職場で働く人の心に希望の光が届けられれば、業務パフォーマンスは明らかに向上する。さまざまな理由でうまくこなせない業務があったとしても、「必ずよくなる」という希望をもって忍耐強く取り組めるようになる。試練といえるような状況にあっても、落ち着いて冷静に業務に取り組めるようになる。

希望を抱くと、人は容易に折れない心がもてるようになる。苦しいことがあっても、うまく忍耐力が発揮できるようになる。ある意味では、希望と忍耐はコインの表と裏のような関係で、希望が忍耐を生み出し、忍耐が希望を生み出すという作用が働くからだ。

希望は、人に多くのよいものをもたらすが、今この瞬間、困難、苦難、試練のなかにある人に、希望の光をもたらすのは簡単ではない。一対一でその人に向き合い、渡そうとしても、受け取ってもらえないケースがある。「余計なお世話だ」「ほっといてくれ」と、拒絶される場合もある。

こうした状況を打ち破るうえで、最も有効な手立ては、職場環境の整備である。職場を希望が見出せる方向に導くためのアプローチに着手していくのだ。このチーム（この部署、この施設、この組織）で働くと、「明るい展望が抱ける」「希望をもって働ける」という環境づくりに力を注ぐようにする。

4　失望感に満ちた職場環境はいかに危険か

成長と能力開花を妨げるもの

もしあなたが勤める職場が、希望を抱けない失望感に満ちた職場環境にあるとしたら、どのような事態の発生が想定できるだろうか。どんなに思いやりがある人が、希望をもたらそうとして、失望感に苛まれた状況にある人に、やさしい手を差し伸べたとしても、心を開くのは難しくなる。「この職場はダメだ！」「この職場には希望がない」と強く感じる職場環境にいると、失望感は強化される。困難に直面している人の心が、失望という岩盤で覆われてしまうからだ。職場環境のなかで培われてしまった、幾層にも及ぶ厚い岩盤で心が閉ざされ、希望の光が入りにくくなっているからである。

失望は、人の飛躍と成長と能力開花を妨げる最大の〝敵〟だ。どのような才能をもっている人であっても、失望という岩盤に心が覆われると才能が開花できなくなる。さまざまな生活困難に直面する利用者の幸せの実現に貢献したいという夢が果たせなくなる。子どもたちの最善利益

を守る人になりたい、障害のある人たちの個別ニードに即した質の高いサービスが提供できる支援員になりたい、利用者本位の高齢者介護が提供できる人になりたいなどといった夢が果たせなくなってしまう。

失望はどのような弊害をもたらすか

■ 失望を意味する二つの英単語

失望が人にもたらす弊害は、失望を意味する英単語から学ぶことができる。和英辞書を利用すると、「失望する」を示す英単語はいくつも表示される。そのなかで、とりわけ重要なものを二つ紹介しよう。一つは、ディスカレッジ（discourage）。もう一つはディサポイント（disappoint）だ。どちらの単語も接頭辞である dis と本体の名詞から成り立っている。接頭辞の dis には、「離れさせる」「引き離す」「否定する」「なくさせる」などといった意味がある。

よって、ディスカレッジの場合は、カレッジ（courage）をなくさせるという意味がある。カレッジとは勇気を意味するので、ディスカレッジという単語で示される失望は、「勇敢に立ち向かう勇気が根こそぎ奪われる」というイメージでとらえられるものだ。

人生にはさまざまな苦難、困難などが待ち受けている。それらは、確かに人にマイナスのものをもたらす。身体面と心理面の両面で苦労する状況を生み出す。大きな負荷を与える。が、同時に、プラス面も存在する。苦難や困難などが、人を鍛錬する作用だ。飛躍や成長へと導く作用である。苦難を通して人は忍耐力を身につけることができるようになる。忍耐力は練られた品性を生み出し、人の心に希望の光をもたらすようになる。そして、この希望が苦難や困難などに立ち向かう勇気と力をもたらしてくれるのだ。困難や苦難は失望さえしなければ、希望の源泉にもなり得る。このようなメリットが本来あるのだが、失望すると、苦難や困難などに向き合う勇気や気概を失ってしまう。立ち向かえなくなる。逃げることしか考えられなくなり、結果的に自己成長が図れなくなる。

■失望すると目的地にたどり着けなくなる

もう一つの単語で、ディサポイントは、dis と ap と point という三つの単語から成り立っている。dis は何かをなくしたり、何かから引き離されたりすることを指す。ap はどこかへ向かう方向性を示すもの。point はたどり着きたい地点。つまり、ディサポイントの失望とは、たどり着きたい地点に到着できなくなること、到着を目指す地点から引き離されてしまうことを指す。目的から遠く離れたところにたどり着く残念な状態に陥ることを意味する。目的地にたどり着けないのは、人間にとって、最も辛いことの一つだ。目的地にたどり着けないと不安になるし、達成感も得られなくなる。何かをなし遂げ成長したとの実感が得られなくなる。成長したとの実感がないために、自信も得られなくなる。自信がいつまでたっても得られないので、ちょっとしたつまずきで行き詰まりやすくなる。前に進めなくなる状況に陥ってしまうのだ。

5 希望あふれる職場環境を造り上げるための行動に着手する

こうした状況を改めるために、いざ、行動開始だ。職場環境の整備に取りかかろう。その第一歩はリーダーシップ・マインドをもった勇気ある職員の行動から始まる。次に示すアプローチに着手し、共に働く職員の心に希望の灯をともす人になろう。

ポイント① ポジティブで前向きな言動を心がける

希望はネガティブな姿勢や言動からは生まれない。ポジティブで前向きな言動によって育まれる。希望をもたらす人を目指すのであれば、日頃の自分の言動を振り返り、ちょっとした仕草や態度等が、前向きでポジティブなメッセージを他者に示すものになっているか、点検にとりかかろう。

例えば、次のような場面での自分の姿を振り返ってみる。

- **出勤後、一人ひとりの職員にあいさつする際の表情、態度、姿勢、口調**
  （人によって、不十分なものになっていないか、もチェックする）
- **朝の打ち合わせ、ミーティングのときの表情、態度、姿勢**
  （まずは、どのような態度、姿勢等で人の話を聞いているか全体のイメージをチェックする。発言する機会がある場合はどのような表情、態度、姿勢、口調などで発言しているかを確認する。そのうえで、ネガティブな印象を与えるものはないか、チェックする)

・**一つひとつの業務を行うときの表情、態度、姿勢、口調**

(業務のなかに、気乗りせず、それが表情、態度、姿勢、口調などに表れているものはないか。業務のなかで、焦りや苛立ち、苦手意識などを感じるものはないか。それらの業務を行う際、ネガティブな感情が表情、態度、姿勢、口調などで表されていることはないか)

・**人に話をしたり、話を聞いたりするときに見せる態度、姿勢、口調**

(落ち着いて話ができているか。焦っていないか。じっくりと話を聞くというオーラが示せているか)

・**無意識のうちに示す態度、姿勢、口調**

(特定の場面に限定せず、日頃、なにげなく見せている態度、姿勢、口調がポジティブなものになっているか。ネガティブな印象をもたれるものがないか)

チェックの結果、ポジティブとはいえない態度、姿勢、口調など示される場面や状況などが特定できた場合は、すぐに修正にとりかかる。その際には、無理は禁物だ。すべてを一気に変えようと意気込む必要はない。無理をすれば、かなり高い確率で失敗する。取り組む前よりも状況が悪化する場合もある。「がんばったけれど、うまくいかなかった」という失望感で心がいっぱいになるからだ。改善に向けた意欲が根こそぎ奪われてしまうからである。

こうした事態を避けるために、修正は決して欲張らず、一つひとつ順番に小さなステップから始めるよう心がける。もし人と話すときの表情がきついという場合、いきなり朗らかに満面に笑みを浮かべながら話そうとする必要はない。完璧を求めれば、うまくいかない可能性が高くなる。最初は口角を少し上げながら話すというもので十分だ。ごくごく小さな改善を積み重ねれば少しずつ自信がついてくる。次のステップに進めるようになる。改善に向けた取り組みは、どのような取り組みであったとしても、焦らず、じっくり、確実に、変わっていくというスタンスで臨むことが必要とされるのである。

ポイント② ネガティブに感じられる他者の言動をポジティブにとらえ直す

■ネガティブな思いは伝導性が高い

人にはその人特有の態度や姿勢がある。ものの見方、考え方、身の回りで起きたことに対する対処の方法についても、その人独自の方法がある。自分と異なる態度や姿勢を示す人に対して、あるいは、ある出来事や物事について自分とは異なるとらえ方や反応を示す人に対して、うっかりするとネガティブなとらえ方をしてしまうことがある。もしあなたの他者に対する見立てのなかに、ネガティブ視点でとらえる人がいたら、強い意識をもってポジティブな視点でとらえ直すようにしよう。

ネガティブなとらえ方で人をみると、その瞬間から、私たちの心の中には、ネガティブな感情が渦巻くようになる。心穏やかではなくなる。嫌悪感、苛立ち、怒りなどの感情が頭をもたげ、それが行動に表れるようになる。態度、表情、言動のなかに示されるようになる。ネガティブな思いや言動は伝導性が極めて高い。心の中に秘めたつもりでも容易に周りの人に伝わってしまう。言動として表に出せば、もの凄い勢いで職場全体に広まる。一人の職員が心の中で抱いた、ある特定の職員に対するネガティブな思いが、あっという間に部署全体やチーム全体で共有されたという例は枚挙に暇《いとま》がない。同じように、誰かがある特定の職員に対して、ネガティブな言動をし始めると、他の職員も揃ってネガティブな言動をし始めるという事態が生じてしまうのである。

油断をすると、ネガティブな見方や言動を始めたのは、他の職員ではなく、実は自分であったということもあり得る。もし福祉職員として働く自分が、チームリーダー、管理監督者という立場であれば、本来はポジティブな環境を造り、希望あふれる職場づくりに貢献しなければならないのに、その逆のことをしてしまうことがあるのだ。

■ネガティブにとらえる習性から解き放つ

だからこそ、強い意識をもって、高らかに決意しなければならない。他の職員の態度や姿勢をネガティブにとらえる習性は強い決意をもって手放す、と。どのような人に対しても、ネガティブな視点からその人をとらえないと決意する。同時に、取り組まなければならないのは、他のネガティブ視点に陥った職員の解放だ。他者をネガティブに見るという「誤った習慣」からその人を解き放つのだ。その最も有効な手段となるのが、ポジティブなとらえ方への変換である。**あなたの周りにいる職員から、他の特定の職員に対するネガティブな発言が聞こえてきたら、さりげなく、ポジティブな言葉で応答しよう。**

こうした取り組みを通して、ネガティブ視点に陥った人の心に届けたいメッセージは三つある。一つ目は、「誰がどのような見方を表明しようと、私はその人をポジティブにとらえている」「その人を大切なメンバーの一人としてとらえており、この思いは決して揺るがない」という決意表明だ。二つ目は、人に対する見方や眼差しは変えられるというメッセージ。「ネガティブな見方ではなく、このようなとらえ方で人を見ることができます。決意さえすれば、ポジティブな見方に変えることができますよ」というメッセージを送るのである。三つ目は、共に働く仲間に希望を与えるというメッセージだ。ポジティブな見方でとらえ直し、否定的なとらえ方を手放すと「心が軽くなり希望がもてるようになりますよ」というメッセージを相手の心に届けるのである。

ポジティブな応答の方法は、決して難しくない。誰かが、ある職員に関してネガティブな見方を伝えてきたら、ポジティブな言動で応答する。ネガティブな見方に対して、真っ向勝負で、戦う必要はない。異なる見方を示せばよい。私はポジティブな見方をしているという明確なスタンスを示せばよい。その具体的なイメージは次のとおりである。

ポジティブ応答の具体的イメージ例①

「○○さん、いつも仕事が遅くって、困るんだよね」という発言に対して、さりげなく、「ああ、そうなんだ。私もよく一緒のシフトになりペアで働くんだけど、落ち着いて業務を行ってくれるんで本当に助かってる」といったイメージで応答する。

相手が言っていることに対して否定するという形ではなく、自分の経験を例としてあげながら、淡々と自分のとらえ方を示すという形で応答する。

相手の言動に対しては、「でも」という接続詞を使わない。逆接の接続詞を用いると、その瞬間に、相手が自分に反論しているととらえ身構えてしまうことがある。自分の見方を頭ごなしに否定されたととらえ、かえって自分のとらえ方への執着が強くなるという事態が発生しやすくなる。そのような事態を生み出さないために、「ああ、そうなんだ」との応答から入る。相手のとらえ方をそのまま受け止めたうえで、自分のポジティブなスタンスを示すようにする。こうすると対決モードにならず、相手から受け入れてもらいやすくなる。

話し手がこの応答に納得しなかったとしても、この取り組みが〝失敗した〟ととらえる必要はない。自分のとらえ方とは違うものを示されるという経験をすると、同じことをその人に伝えるということはしなくなる。

実は、ネガティブなとらえ方やものの見方は、そのとらえ方やものの見方に基づく発言を繰り返すたびに強化され、思いが強くなるという特徴がある。発言する機会があればあるほど、ネガティブなとらえ方やものの見方が強まり、心の奥底に岩盤のように張り付いてしまう。崩すのが困難になる。ところが、発言する機会が減ればどうなるか。そのような思いに対する執着は少しずつ低下し始める。手放しやすくなる。

だから、ポジティブな応答が即効的な効果をみせなかったとしてもがっかりする必要はない。今後、その人がネガティブな言動を示す機会は明らかに減少する。機会が減れば、発言を繰り返すたびに、ネガティブな思いが強化されるという悪循環が食い止められるようになる。完全に除去できないとしても、ネガティブな思いに伴う失望感の高まりは食い止められる。

ポジティブ応答の具体的イメージ例②

「ねえねえ、今日のミーティングのときの課長の発言、あんまりだと思わない？　現場のこと何も知らないくせに、よくあんなことが言えるよね」という発言が寄せられた場合、「ああ、朝の発言ね。私、思ったんだけど、きっと課長が言いたかったのは、こういうことだと思うけど違うかな。昨日、利用者さんのご家族からクレームの電話があったみたいなのよ。『母を座らせっきりにして何もしていないみたいだけどどうなっているんだ』ってすごい剣幕だったみたい。正直、私、本人が望まないと思い込んで、特段働きかけもせず、レクリエーションに誘っていなかった。だから、イスに座らせっきりにして何もしていないと言われたのは、私にも責任があるかな、って思っているの。これからは、座らせっきりではなく、きちんと活動に誘おうと思っている」というイメージで応答する。

応答する際、発言者の批判的気持ちには同調していない。「ああ、朝の発言ね」という形で、課長の発言を聞いたという事実だけを伝えている。その後についても、課長の発言の優劣については何も語っていない。「よい発言」とも言っていないし、「悪い発言」との見解も示していない。こういう発言をする人は、多くの場合、無意識のうちに同調を求めて自分の意見を表明する。が、その思いに応える形では、応答していない。課長が伝えたかったと思われることを、自分の行動を振り返るという形で整理して伝えるよう試みている。課長の発言を受けて、自分を振り返り、自分が何をしなければならないか決断した。そのようなポジティブな姿勢を応答という形で示しているのである。

この応答を、課長に対して批判的見解を示した発言をした職員はどうとらえるだろうか。自分の発言に同調してくれなかった職員に対して、強い敵対心を抱くようになるだろうか。おそらくそうはならない。応答者は、発言者の意見を否定しているわけではない。課長の発言の背景には何があったか、事実関係を示しただけだ。そして、自分に反省する点があるというスタンスを示したうえで、これから何をするか、自分のとるべき行動を示した。ポジティブな視点で自分が何をするか意思表示をした。

こうした応答を受ければ、課長への怒りの感情がさらに強まるという方向には向かわない。

冷静に、課長の発言の背景に心が向けられるようになる。むしろ、そうか、そのようなとらえ方があるのだと学ぶことができる。

怒りや苛立ちなどの感情は失望感を生み出す。失望感に苛まれると、心が落ち着き払っているときには見えるものが見えなくなる。相手の立場に立って物事を考えることができなくなる。自己中心的な視点で物事をとらえ、さらに怒りや苛立ちの感情が強くなるという悪循環にはまってしまう。

ポジティブな応答は、そのような状態にある人が落ち着いた心を取り戻す手助けとなる。ネガティブな感情がもたらす負の連鎖からその人を救い出す。ポジティブな希望に満ちた視点で人を見る。自己中心的な視点ではなく、相手の立場に立つという視点を取り戻す機会を提供するのである。

ポイント③ 小さな業務改善を積み上げ、成長が実感できるようにする

■ 重点目標を掲げる

希望をもち続けるには、日々の業務に従事するなかで、「今日はこれをやり遂げた」「今日は

こんなことができるようになった」と実感できるようにすることが求められる。すなわち、達成欲求や成長欲求が満たせる職場環境の整備が必要になる。

その有効な手段となるのが、一日の業務を始める際に、重点目標を掲げるという取り組みである。この取り組みは、小さなグループ単位で始める。大きな集団で始めると、人任せになり、一致団結して取り組めなくなる。事業所の規模によるが、部署単位やチーム単位、おおよその目安としては、二人から五人ほどの小グループで取り組んでいくようにする。

具体的な取り組みは次のようになる。まず一日の業務が始まる際に、「今日の重点目標」を設定する。ミーティングの際に、小さなメモにして配布したり、皆が見えるところに貼り出したりしたうえで、声に出して確認する。重点目標は一日のなかで達成を目指すものなので、大きな目標を掲げるのではない。今日一日の勤務のなかで実現する、〝小さな目標〟とする。明確な重点目標があれば、チーム一丸となって取り組める。達成する確率が高くなる。小さな目標を日々達成する経験をして、チームワークが機能する組織へと成長が遂げられるようになる。

成長が実感できる組織づくりには、チームワークは不可欠なものとなるので、改めてその意味を確認したい。チームワーク（Teamwork）という単語はもともとチーム（team）とワーク（work）という二つの単語がくっついて出来上がったものだ。チーム（team）は二人以上の小集団を、ワーク（work）は働く、を意味する。このワークという単語について、早稲田大学広域哲学研究所（当時）の佐藤眞理人は、英単語であるワークはゲルマン語系の単語を語源としており、労苦を意味するものではない、と説明する。そのうえで、自主的、能動的響きのあるポジティブな活動を指すと指摘している。この見解を踏まえれば、ワークという単語は、苦痛を伴う労働というニュアンスのあるレイバー（labor）とは異なり、喜びの実現に向けて、自主的かつ能動的に誇りをもって取り組まれる活動と表現できる。

ワークについて理解が深まれば、チームワークの定義についても、より明確な形で理解できるようになる。チームワークとは単に小集団が力を合わせて働くことを意味するものではない。**チームワークとは少数の集団がチームとして、日々掲げる共通の重点目標達成に向けて、心から喜びを実感しながら、自主的、能動的に力を合わせて取り組んでいく一連の活動を指すものである**、と理解できる。

■ 重点目標設定の際の留意点

このような形でのチームワークが機能し、喜びと希望をもって共に働けるチームを造り上げるために、重点目標を日々掲げながら、業務に取り組むよう努めなければならない。重点目標を設定する際には、次の二点に留意しなければならない。第一は、誰が目標を目にしても具体的に何をするか理解できるわかりやすいものにすること。第二はその日のうちに達成できるものとすること。取り組みはその日の業務時間内が大原則。二日以上になると集中力が途切れるので、一日限定のものにする。重点目標設定の例は次のとおりだ。

例①昼食時、利用者一人ひとりが自分の意思で選択メニューが選べるよう支援する。

例②入浴支援の場面で、A氏（認知症高齢者）が最初から最後まで入浴を楽しめるよう支援する。

例③利用者のサービス利用時の様子について、記録への記入漏れがないように記す。

例④B氏（認知症高齢者）の不安そうな表情に気づいたら、即座に寄り添い、落ち着いて穏やかに過ごせるよう支援する。

例⑤新たに今日から導入するレクリエーション活動について、利用者が喜んで参加できるよう一致団結して取り組む。


達成状況の確認は、勤務終了前のわずかな時間を用いて実施する。何がどこまでできたか、振り返り、達成状況を記録に残す。状況によっては、口頭での確認でも構わない。退勤時間前に、「今日は、利用者が自分の意思で選択メニューが選べるよう支援する、を目標として掲げて支援しました。いつもは自分で選べなかった四名の方が、明確な意思表示をして選ぶことができました。ご協力ありがとうございました」といった形で締めくくる。

一致団結してやり遂げたということが確認できると一体感が強まる。さらによくなっていくという期待感や希望が共有できるようになる。

ポイント④ 他の職員に対して常に思いやり、いたわり、感謝する姿勢を示す

失望は、多くの場合〝見捨てられ感〟を心に抱くことによって生み出される。「誰も私のことに関心がない」「誰も私の働きに関心をもってくれない」「私はここにいるのに誰も気にかけようとはしてくれない」といった心理状況になると、人は希望がもてなくなる。

希望をもたらす人になるのであれば、誰に対しても分け隔てなく大切に思っているというメッセージが届けられるようにならなければならない。思いを心の中に秘めるのではなく、何らかの形で相手の心に届けるように工夫をする。他者に対する思いやり、いたわり、感謝するという気持ちを声に出して伝えたり、行動で伝えたりする。思いが確実に相手の心に届くのであれば、どのような方法でもよい。相手の心が喜びに満たされるようなメッセージを繰り返し送るように努力していく。

思いを伝える方法はシンプルであるが、うまくいかず、途方に暮れるケースもある。その例を紹介する。福祉職員を対象としたある研修会で、「他の職員に対して常に思いやり、いたわり、感謝する姿勢を示す人になりましょう」と働きかけたところ、後日、次のような相談メールが届いた。

「先生のアドバイスを受けて、一生懸命取り組んでいるのですが、一部の人たちにはできません。どうすればよいでしょうか」

返信メールでもう少し詳細に、どのような状況であるか問い合わせたところ、「一部の人は

苦手で、どちらかというと嫌いなタイプに当てはまる人で、この人たちには思いやりやいたわりや感謝の姿勢は示せません」とのことであった。

返事を受けて、こうアドバイスした。

＊＊＊

「思いやりやいたわりや感謝の姿勢は、相手のことが好きだから示すのではありません。好きな人に限定してしまうと必ず一部例外の人が出てきます。また、現時点で好きな人であったとしても、ある時点でその感情が薄れてしまう場合もあります。もしそうなったら態度を変えることになります。相手に気持ちが変わったことが伝わってしまいます。

福祉職員として欠かしてはならないのは、すべての人を大切にする姿勢です。それは『好き』という気持ちを前提にするものではありません。利用者を支える仲間であるから、思いやり、いたわり、感謝する姿勢を相手に示すのです。その結果、自分が大切にされていることが実感できれば、その人の働く喜びや使命感、責任感は間違いなく向上します。職場に対する信頼感も上がりますし、働く喜びもより一層強く感じられるようになります。そして、いつどんなときも、希望をもって働けるようになるのです。

思いやりやいたわり、感謝の姿勢をすべての人に示すのは、自分の心を豊かにするためでもあります。もし一部の人を例外にしていると、そのような姿勢を見せる自分に罪悪感を感じやすくなります。後ろめたい気持ちになったりします。自責感情が強くなることもあります。こうした状況に陥ると、希望や喜びをもって働くことが困難になります。

ですから、好き嫌いの感情に振り回されず、すべての人に思いやり、いたわり、感謝の姿勢を示すことに力を尽くすのです」

このような内容の返信を送ったところ、しばらくしてから、次のような近況報告が届いた。

「メールをもらってすぐに、例外なく、思いやり、いたわり、感謝することを実践しました。晴れ晴れとした気分になりました。実は心にずっと引っかかっていたのです。一部の人にやさしくできない自分を責めて、とても嫌な気持ちになっていました。今は心晴れやかに、穏やかな気持ちで働けています」

このメールが示唆するように、思いやり、いたわり、感謝の気持ちで人に接すると、相手だけではなく、自分の気持ちも爽やかになる。晴々とした気持ちで働けるようになる。希望にあふれた日々を送れるようになる。人に対してだけでなく、自分に対しても希望をもたらす人になることができる。希望をもって働けるようになれば、さまざまな困難に出会ったとしても、落ち着いて向き合える強さが身につけられるようになるのである。

［参考文献］
佐藤眞理人「働くことの両義性」早稲田大学広域哲学研究所、二〇〇五年
http://www.waseda.jp/prj-iip/th01_04.html

注：discourage と disappoint に関する解説は次の語源辞書を参考にして記した。
Online Etymology Dictionary, discourage. ©2001-2021 Douglas Harper
https://www.etymonline.com/search?q=discourage
（閲覧日：2021/03/07）
Online Etymology Dictionary, disappoint. ©2001-2021 Douglas Harper
https://www.etymonline.com/word/disappoint
（閲覧日：2021/03/07）
Online Etymology Dictionary, appoint. ©2001-2021 Douglas Harper
https://www.etymonline.com/search?q=appoint
（閲覧日：2021/03/07)discourage
「英単語は語源で楽しく　Grengo」©2009-2021 Takumi Tsunokake
http://gogengo.me/words/339
(閲覧日：2021/03/07)

注：本章で紹介した「5　希望あふれる職場環境を造り上げるための行動に着手する」は、以下の連載に執筆したものを大幅に加除筆修正したものである。
久田則夫「介護現場のリーダー論――どうすれば信頼と希望と安心をもたらすリーダーになれるか　第4回　人の心に火をともすリーダーになる」『ふれあいケア』全国社会福祉協議会、二〇二〇年八・九月号、五二～五四頁

第8章

不安の発生要因を取り除き、安心感を人の心にもたらす人になる

1　不安は何をもたらすのか

安心感が得られなければどうなるか

福祉職員には、他者に安心感をもたらすという大きな責任がある。利用者やその家族に対してだけではない。共に働く仲間にも、心に安心感をもたらす存在でなければならない。安心感が得られなければ、心は不安感でいっぱいになってしまうからだ。自分が福祉の仕事に就こうと思っていたときに、果たそうとしていた夢が果たせなくなるからだ。働く喜びが感じられない状態になれば、業務パフォーマンスが大幅に低下する。仕事へのコミットメントが下がり、離職を考えるようになる。何の手立ても講じられなければ、すばらしい才能を秘めていた人が、才能を開花させることなく、職場を去る人財流出現象が止まらなくなってしまう。

こうした事態の発生を防ぐためには、福祉職員の業務パフォーマンスを落とす〝不安心理〟にはどのような特性があるかを把握しなければならない。その特性が正確に把握できれば、不安解消に向けた取り組みがすべての職員が優先すべき重要な課題だという点が明らかになる。焦眉の急を要する喫緊の課題として、すぐに解決に向けて動き出さなければならないことが理解できるようになる。

これまで私は数多くの福祉職員から、業務パフォーマンスの向上に関する相談を受けてきた。福祉職員を対象とする研修会で、配布する講義資料には大学から発行されているメールアドレスを載せるようにしている。研修を受けた後に、相談がある人が、気軽に連絡がとれるようにするためだ。その結果、どうなるかは言うまでもない。研修会のたびに、多数の相談メールが送られてくる。

不安感強化のプロセス

現場で働く福祉職員への相談活動を通して、ある重要な事実を学んだ。福祉職員が直面する不安感は、次に示す三つのプロセスを通して、強まっていくという事実である。

■不安感の発生

第一のプロセスは漠然とした不安感の発生。これは就職後、比較的初期段階で起こる。勤め始めて、ある一定期間は、何もかもが新鮮でよく見える。福祉の職場で初めて働くというケースであれば、何もかもが初めてでプレッシャーや緊張感に満ちた時期となる。が、それを上回る喜びが感じられる。一人ひとりの利用者との出会いに喜びを感じる。業務についても全くわからない段階を過ぎて、ある程度わかるようになると、喜びが感じられるようになる。数週間あるいは数か月の間にさまざまな業務がこなせるようになるので、意欲はどんどん高まっていく。先輩職員との出会いも喜びに満ち、いろいろな業務を教えてもらうことによって、安心感を抱くようになる。

　こうした何もかもがフレッシュで喜びに満ちた時期を、新婚生活になぞらえて〝ハネムーンピリオド〟という。この時期は、残念ながら長続きしない。比較的短期のうちに、そして、ある日突然終了する。いつ〝ハネムーンピリオド〟が終わるかは個人差がある。経験則でいえば、三週間から三か月ほどの間に終焉を迎える。きっかけはちょっとした不安感だ。いろんなことがわかってきて、フレッシュさを感じなくなったときに覚える漠然とした不安感がきっかけとなる。勤め始めて数週間あるいは数か月間は、自分自身の成長が実感できる。喜びに満たされる。が、その後、しばらくすると壁にぶつかる。成長が止まったように感じる時期を迎える。知らず知らずのうちに不安感に苛《さいな》まれるようになる。

　この時期には、さまざまな疑問や葛藤も心の中に芽生えてくる。ハネムーンピリオドが終わり、興奮状態が収まってくると、以前は見えなかったものが見えるようになる。何もかもよく見えたことのなかに、不十分なところがあること、課題や問題があることに気づけるようになる。職場内で行われている業務に関して、「この方法でいいのか」と疑問を抱くようになる。業務内容について疑問をもつと、不安感が心の中で頭をもたげてくる。不安な気持ちで心が動揺するようになる。

これは、誰もが多かれ少なかれ経験することだ。こうした状況にある職員をサポートするシステムがあればいいのだが、整備されていないケースが多い。そのため、不安状態にある人は自力で解決するか、一部の先輩や上司に相談して解決を図るということになる。自力の場合は、力不足のために、なかなか解決への糸口がつかめない。先輩や上司に頼る場合も、システムとしてサポートしてもらうわけでも、相談に乗ってもらうわけでもないので、一度か二度のインフォーマルな相談に終わる。不安感から逃れる手立てがないまま時が過ぎていく。

■モチベーションの低下と定着

そして、第二のプロセスに移行していく。モチベーションの明らかな低下と不安の強化と定着だ。業務を遂行していく力が低下の一途をたどり、モチベーション低下の状況が、働きぶりから顕著に伝わるようになる。業務パフォーマンスも明らかに低下し始めるので、他の職員や上司からの眼差しが厳しくなる。それは本人にもわかるので、心理的にさらに追い込まれ不安感が強まる。先輩や上司が声をかけ、サポートする姿勢を明確に示してくれればよいのだが、「大丈夫?」と声をかけるくらいの働きかけなので、心を開いて不安感が表明できない。業務のなかで苦手なものがあること、他の職員の働きぶりに疑問があるけれど何も言えずにいること、一部の利用者と信頼関係を築けず自信を失いつつあることなど、相談したいことは山ほどあるのだが、自分から言い出せない状況が続く。「大丈夫?」と聞かれても、「大丈夫です」と即座に返答してしまい、対話の機会を失う。不安感は募るばかりで、心を埋め尽くすようになる。職場における自分の心の状態を喜びと不安の割合でみてみると、働く喜びは2、不安は8くらいの状況になってくる。もう少しで不安で押しつぶされそうになる。

■不安感による心の支配

第三のプロセスは、不安による心の支配だ。不安感で心はほぼいっぱいになり、働く喜びや使命感、コミットメントがほとんど実感できなくなる。不安感が心を支配する状態になると、感情のコントロールがうまくいかなくなる。苛立ち、怒り、焦り、おそれなどの感情が抑えられなくなる。ネガティブな感情が、そのまま言動として、示されるようになる。この状態が高じると、苛立ちや怒りなどの感情を利用者にも向けてしまう権利侵害のような状態にまでなってしまうことがある。

多くの人は第二のプロセスの段階でもちこたえるが、油断は禁物だ。第二のプロセスにある人は、ちょっとしたきっかけで、第三のプロセスに突入する。そうなった場合は、取り返しのつかない状況に陥ってしまう。感情がコントロールできなくなり権利侵害に手を染めてしまうケースさえあるので、可及的速やかに防止策を講じなければならない。

ここでは、防止策として二つのアプローチを紹介する。

2 不安感払拭に向けた取り組みに着手する

面談の機会をもつ

第一のアプローチは、不安感の把握と除去に向けた取り組みの推進だ。この取り組みは、職員との面談という形で実施する。強い不安感を抱き、業務パフォーマンスが低下している職員だけでなく、他の職員とも面談する機会をもつようにする。パフォーマンスが低下している職員から優先的に面談を行ってよいが、パフォーマンス低下の予兆がない職員もフォローアップを忘れないようにする。予兆はなくとも、内面に不安を抱えているケースが珍しくない。まだ何の兆候も見えないほど小さな不安であったとしても、不安はいつどのような形で、肥大化するか、あるいは深刻化するか、誰も予測がつかない。何もないように見えていた人がある日突然大きな不安感に苛まれ、著しいパフォーマンス低下の状態になるという例は枚挙に暇《いとま》がない。だからこそ、強調しておきたい。面談は全職員に及ぶよう計画的に進める。

面談の際には、「大丈夫ですか」「何か困っていることはありますか」「不安に思うことはありますか」という聞き方はしないほうがよい。この種の質問は、不安感、戸惑い、困難や問題などに焦点を絞ったアプローチとなる。いきなりこの種の問いを投げかけると、大丈夫でなくても、不安なことや困っていることがあっても、多くの人は、即座に「大丈夫です」「別にありません」と答える傾向にある。大丈夫でない、不安に思うことがある、困っていることがある、と答えると、質問者がどう反応するか不安に思うためだ。「そんなことでつまずいているのか」「そんなことで不安になっているのか」「そんなことで困っているのか」などと判断され、自分でさまざまなことに対応したり、解決したりする能力が十分でないと思われるのではないかと、思ってしまうからだ。自己防衛本能が無意識にスイッチオン状態になり、「大丈夫です」「何も不安なことや困ったことはありません」と答えがちになるのだ。

自然な形で振り返られるよう工夫する

望ましいのは、自然な形で、過去数か月の業務を振り返ってもらうことだ。例えば、新任職員と面談するのであれば、次のような問いかけが想定できる。

「就職されてから三か月ほど経ちました。この三か月間を振り返ってどうでしょうか。業務を通して、何か気づいたことや感じたこと、思うことなどがあれば、教えてください」

これは、不安感に焦点を絞った聞き方ではなく、自分自身や自分がかかわる業務を自然な形で振り返ってもらうためのアプローチだ。このような聞き方をされれば、自然な形で、振り返ることができる。問いかけに対して、おそらく次のような感想が寄せられるだろう。

「最初は戸惑いがあったのですが、だんだん慣れてきました」

「利用者の皆さんともうまくコミュニケーションがとれるようになってきました」

「まだまだ不十分なところがあるかもしれませんが、一通り、基本業務ができるようになってきました」

このように、最初に寄せられる回答は、当たり障りのないものとなる。それを受けて、探索的な質問、すなわち、掘り下げを目指した質問をさりげなく投げかけるようにする。相手が答えたことに関連しつつ、さらに掘り下げるような問いを投げかける。相手の最初のコメントをポジティブに受け止める発言、いわゆる、ほめる、認める、労う、いたわる発言をさりげなくしたうえで、さらに掘り下げるために、次のようなイメージで質問を投げかけていく。

「だんだん慣れてきていると聞き安心しました。ところで、最初は戸惑いがあったということですが、具体的にどんな戸惑いを感じたのか教えてください」

「うまくコミュニケーションがとれるようになってよかったですね。これはすばらしいことです。どの方とうまくコミュニケーションがとれるようになったか、教えてください。それから、もし、この方ともっとうまくコミュニケーションがとれるようになりたいなと思う人がいたら教えてください」

「短期間で基本業務がこなせるようになってよかったですね。私たちも大変助かっています。さて、いろんな業務がうまくできるようになったとのことですが、もっとうまく

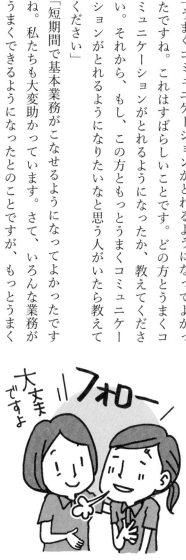

できるようになりたいという業務があれば教えてください」

不安や戸惑いの原因を掘り下げていく

このような形で問いかければ、不安や戸惑いにつながる事柄の掘り起こしが可能となる。相手が不安や戸惑いを表明したら、さらに掘り下げ、その思いはどこから生じるのか、聞き出していく。原因として、新任職員の知識やスキル不足が原因であることがわかった場合は、その場で教えるようにする。就職後のオン・ザ・ジョブ・トレーニング（ＯＪＴ）では十分な知識やスキルの習得につながっていないことがわかった場合には、ＯＪＴの期間を再設定したり、延長したりする。ある特定の利用者との信頼関係の構築、あるいは、接し方等で戸惑いや不安などに直面していることがわかった場合は、信頼関係構築に向けたポイント、接し方に関するポイントなどを伝えるようにする。同じ部署やチームで働いている新任職員の場合は、面談後、当該利用者に対する接し方を手本として見せるよう意識する。このような形で、把握できた不安や戸惑いに対してフォローを心がけていく。

新任職員以外についても、面談の際には、同様のアプローチで対応する。必要があれば、面談後に適宜、フォローしていくようにする。

ここで示す面談によるアプローチは不安感の把握と除去に向けた取り組みであるが、根底には「職員を大切にする」という姿勢がある。面談を通して、「あなた・は・大・切・に・さ・れ・て・い・る」という思いが実感できることを強く想定している。

面談という場面を通して、「ここには気遣ってくれる人がいる」「気にかけてくれている人がいる」「大切に思ってくれている人がいる」ということが確認できれば、抱えている不安感の何割かは確実に低下していく。

3 自分自身の言動をチェックする

共に働く職員の不安感払拭に向けた二つ目のアプローチは、自分自身に向けたものだ。自分の日々の姿勢のなかに、後輩、同僚、先輩、上司、部下など、他の職員を不安にするものがないか、チェックしていく。ここでは、すぐに活用できるチェックリストを紹介する。次表「不安感誘発度チェックリスト」に目を通し、自分自身の言動のなかに不安感を生み出すものがないか、確認する。

不安感誘発度チェックリスト

- □ ①働く喜びや仕事への満足感を、他の職員に日々の業務姿勢を通して、伝えきれていない

□ ②他の職員にとって、近寄りがたいと思われてしまうような、表情、素振り、態度、姿勢、言動などを示すことがある

□ ③他の職員の表情、素振り、態度、姿勢、言動などをネガティブに受け止めてしまうことがある

□ ④心が動揺したり、落ち着かないことがあったりすると、それが表情、素振り、態度、姿勢、言動などに現れやすいほうだ

□ ⑤他の職員と言葉を交わし、思いを受け止める機会をもとうとする姿勢が十分に示せていない

□ ⑥他の職員が示す意見や提案に対して、ネガティブに反応してしまうことが多い（他の職員は大丈夫なのだが、ある特定の職員の意見や提案に関しては、ネガティブに反応してしまい、傾聴できなくなることがある）

□ ⑦日々の業務について、十分な働きができていない職員に対して、苛立ちを感じることがある（苛立ちを感じてしまう職員には、適切なサポートができなくなっている。冷たい眼差しを向けてしまうことがある）

□ ⑧自分が思うような手順や方法で業務をしていない人は「仕事ができていない」と決めつけてしまうことがある（職場のルールに従った業務をしている人であっても、自分とは異なる手順や方法で仕事をする人に対しては、ネガティブにとらえてしまうことがある）

□ ⑨十分な働きができていないと思う職員に対する批判的な言動を、他の職員としてし

まうことがある（ある特定の職員について、他の職員と悪口や陰口に興じてしまうことがある）

□ ⑩他の職員の誤った行動を改めようとするとき、つい口調が強くなり、威圧的になってしまうことがある（相手の言い分を聞こうとせず、一方的に責め立てるような言動に走ってしまうことがある）

□ ⑪他の職員を気遣ったり、思いやりを示したりするような言動が、日々の業務のなかで十分に示せていない（職員一人ひとりを大切にしているというメッセージが日々の業務のなかで示せていない）

□ ⑫自分に対して、不信感や敵意を示していると思えるような行動を示す人に対しては、苛立ちや嫌悪感を抱くことがあり、思いやりや気遣いなどを十分に示すことができないことがある

これらのチェック項目について○がつく場合、人に不安感をもたらす行動やものの見方などをしてしまっている可能性がある。改善に向けてすぐに行動を起こすよう努めなければならない。

■ 働く喜びや満足感を伝えきる

例えば、チェック項目①「働く喜びや仕事への満足感を、他の職員に日々の業務姿勢を通し

て、伝えきれていない」に○がついた場合を考えてみよう。その場合には、改善策として、単に伝えるのではなく、伝えきることに重点を置いた対応を試みるようにする。あらゆる手段と方法を用いて、働く喜びや満足感を伝えるようにする。他者とよい関係を築ける人を目指すのであれば、ネガティブな思いは伝導性が高く、努力せずとも伝わるというコミュニケーションの特性を心に留めなければならない。また、ポジティブな思いは伝導性が極めて低く、伝える努力や工夫をしなければ伝わることがない。すなわち、心に秘めただけでは、ポジティブな思いは伝わらないというコミュニケーション特性についても、理解する必要がある。こうした特性を踏まえれば、自分が何をしなければならないかは明々白々である。働く喜びや満足感が相手の心に届くよう伝えきる努力をしなければならない。ポジティブな思いが届けられた人の心は、安心感で包まれるようになる。働く喜びや満足感が抱けるようになる。こうした心理状況になると、不安感は小さくなる。気にならないレベルまで最小化される。

■原因を探る

チェック項目②「他の職員にとって、近寄りがたいと思われてしまうような、表情、素振り、態度、姿勢、言動などを示すことがある」に○がつく場合は、具体的にそれは何か、特定する作業にとりかかろう。自分の表情、素振り、態度、姿勢、言動などのうち、具体的にどのようなものが、不安感をもたらすものになるかチェックする。

そうすると、プライベートな面で嫌なことがあったときに、ネガティブな感情がストレートに顔や態度に出てしまうという点が特定できたとする。この場合は、その場で、「プライベートな思いを職場にもち込まない。利用者や職員に働く喜びが伝えられるよう意識して働く」と心に誓うことで、改善に向けた歩みが踏み出せる。

何に心がネガティブに反応するのか特定し、とらえ方を変える

チェック項目③「他の職員の表情、素振り、態度、姿勢、言動などをネガティブに受け止めてしまうことがある」に○がつく場合は、具体的にどのような言動や姿勢にネガティブに反応するのか、明らかにする。ノートに書き出したり、大きめの付箋紙（タテヨコ各7センチの正方形のもの）に、思いつくままに書き出したりしていく。そして、その一つひとつについて、とらえ方を修正する試みにチャレンジする。言動に解釈を加えるのではなく、ありのままにとらえる練習をしていく。

例えば、「苛ついた表情で私を見た」という場合、ありのままの事実を受け止める形に、置き換えて書き出してみる。「眉間にしわを寄せながら私を見た」と置き換え、事実をありのままに受け止められるようにする。こうした取り組みを通して、〝苛ついた〟というとらえ方を取り除き、不安を軽減させていく。誰かの行動を「視線を合わせようとせず、通り過ぎた」ととらえたことがあった場合、「横

を向いたまま、通り過ぎた」とありのままの状況を書き出していく。そうすると、心は冷静さを保てる。意識的に視線を避けたというとらえ方から解放されるからだ。視線を合わせなかったのが、意識的であったかどうかは、本人でなければ誰にもわからない。無意識のうちに行われた場合は、本人でさえ説明できない。それをあえて、意識的であるかのように「視線を合わせようとせず」ととらえてしまった場合、誰が得をするだろうか。誰に対してもよい結果を生み出すことはない。誰かの言動をネガティブに解釈した結果、被害を被るのは自分だ。心が動揺し、不安心理に追い込まれるだけだ。いや、厳密に言えば、不安心理に到達した段階で終わりではない。まだ、その先に、残念な事態が待っている。心に抱く不安感は行動となって、人に影響を及ぼすようになることがある。苛立ちを人にぶつけ、人の心を傷つけるという結果を招くことさえある。こうした事態を確実に避けるために、とらえ方を変えるトレーニングに着手しなければならないのだ。

何に動揺するかを明らかにして、解決方法を考える

チェック項目④「心が動揺したり、落ち着かないことがあったりすると、それが表情、素振り、態度、姿勢、言動などに現れやすいほうだ」に○がついた場合はどうすればよいだろうか。この場合も、書き出してリストアップするのが効果的だ。何に動揺するのかわかれば、冷静に対処する方法が見出せる。原因を踏まえたうえでの対策法が見出せるようになる。

例えば、振り返った結果、心が動揺する原因が、特定の利用者の言動にうまく対応できない

ことにあることがわかったケースを考えてみよう。このケースの場合には、支援が困難な行動を示す利用者に対する支援方法について学ぶということが一つの方法として考えられる。本を読んだり、研修会や学習会などに参加したりして学ぶという方法があるが、最も効果的かつ効率的なのは、うまく支援ができている同僚職員に学ぶ方法だ。

当該利用者とよい関係が築けており、よい支援ができている職員が、日常の支援場面で、どのような手順や方法で接しているのか、学ばせてもらうのだ。直接、話を聞いてもいいし、支援している様子を見て、そこからヒントを学ぶのでもよい。こうした取り組みを通して、支援の方法を学べば、自分も同じような形でのアプローチを試みることができる。すぐによい結果が出なくても大丈夫だ。忍耐強く取り組んでいけば、よい関係が築けるようになる。どうしてもうまくいかない場合、うまく対応ができている職員に相談をもちかけ、どうすればよいか改めて、アドバイスを受けるようにしよう。解決まで多少時間がかかったとしても、相談に乗ってくれる人が自分の身近にいることが確認できれば、不安感に苛まれ、心が動揺する状況から自分を解き放つことができるようになる。

■どれくらい言葉を交わしているか現状を振り返る

チェック項目⑤「他の職員と言葉を交わし、思いを受け止める機会をもとうとする姿勢が十分に示せていない」に○がついた場合は、まず、一日の勤務のなかでどれくらい言葉を交わしているか振り返る。続いて、勤務中、どのような形で、業務と業務との間のある〝すきま時間〟を活用すれば、言葉を交わす時間がとれるかを考える。言葉を交わせない理由が、「時間がない」「とてもそんな余裕がない」という思い込みであるケースが多いので、〟すきま時間〟を活用するという意識をもつようにする。そのうえで、言葉を交わす機会を増やしていく。そうすれば、人に安心感が与えられるようになる。人は人に声をかけてもらい、言葉を交わすことで安心感が得られるようになるからだ。人から適宜、声をかけてもらえることで、自分が必要とされていることが実感できるからだ。

■他者の発言に対してとらえ方を変える

チェック項目⑥「他の職員が示す意見や提案に対して、ネガティブに反応してしまうことが多い（他の職員は大丈夫なのだが、ある特定の職員の意見や提案に関しては、ネガティブに反応してしまい、傾聴できなくなることがある）」に○がつく場合は注意が必要だ。反応しているのは、その人が示す意見や提案に対してではないかもしれない。その人自身に対して、心がネガティブに反応してしまっている可能性がある。

もし特定の職員の発言に対して苛立ちや憤りをもって聞くことが習慣化している場合は、その繰り返しを止めなければならない。苛立ちや憤りは発言者にも伝わっているかもしれないが、他の職員にも伝わっている可能性が高い。職場における立場によっては、他の職員を動揺させる大きな要因になっているかもしれない。「私もこの職員から嫌われたり、気に入らないと見なされたりしたら、何を言ってもあんな反応を受けるんだ」と不安な気持ちにさせてしまう可能性が高くなる。

こうした状況を改めるには、特定の職員の発言に対してとらえ方を変える取り組みに着手しなければならない。具体的には次のような取り組みにチャレンジする。

特定の職員の意見や発言に苛つき、動揺した瞬間に、その発言は誰がしているのかを頭の中で入れ替えるようにする。つまり、発言者はその人ではなく、あなたが最も信頼している人がしているという想定で、意見や提案をとらえるようにする。最も親しくて、信頼する人の意見や提案であれば、同じものであっても、とらえ方が変わってくる。ポジティブにとらえられるようになる。不十分な意見や提案の場合には、むしろ、よいものになるよう、補強したり、バージョンアップを示したりするようなアドバイスが示せるようになる。

こうした取り組みを実行に移した場合、他の職員もマイナスの影響を受けなくなる。ある特定の職員の言動に反発したり、苛立ったり職員の姿を目の当たりにすることがなくなるので、落ち着いて過ごせるようになる。安心感をもって働けるようになる。

■相手に対する見方を改める

チェック項目⑦「日々の業務について、十分な働きができていない職員に対して、苛立ちを感じることがある（苛立ちを感じてしまう職員には、適切なサポートができなくなっている。冷たい眼差しを向けてしまうことがある）」に○がつく場合は、すぐに行動を改めなければならない。苛立ちが相手に伝わり、もうすでに傷つけている公算が大きい。不安感を抱かせる大きな要因に自分自身がなっている可能性がある。

改善に向けたアプローチとしては、十分な働きができていない職員に対する見方を改めることから始める。意図的に誤った行動をしている証拠がある場合以外は、十分に業務が果たせない状況にある人に落ち度があるというとらえ方はしないようにする。

本人の行動をつぶさに観察したうえで、本人と対話の機会をもち、どこでつまずいているのか、何がうまく業務をこなすことができない原因になっているかを見極めるようにする。原因が明らかになったら、それに基づき、アドバイスするようにする。

併せて対応を図らなければならないのは、職員育成システムだ。職員が思うように育たず、ある一定期間の勤務を経ても、基本業務の習得に苦慮するような事態が生じる原因は、新任職員育成のシステムに不具合があるケースが極めて多い。

例えば、あなたの職場ではどうだろうか。新しく入職してくる職員に対して、具体的に、どのタイミングで、何を、どのような手順や方法で、教えるかということが、整理され明文化されているだろうか。新任職員育成の際に教えるべき項目に不十分なものや不足しているものがないだろうか。もし、不十分なところがある場合は、その修正を図ることから始めなければならない。

もう一点、チェックが必要なのは先輩職員による育成システムが機能しているかの点検だ。いわゆる、ＯＪＴが的確に行われているかだ。かつて、ある県の社会福祉協議会から新任職員を対象とした研修会の講師を頼まれたことがある。その研修は、勤務後一年くらい経った職員を想定したものであった。研修会の場で、参加者の方に「この一年間を振り返って何に一番戸惑ったか」という問いを投げかけると興味深い結果が出た。最も多い戸惑いは、「先輩からの学び」であった。具体的なものは次のとおりだ。

「先輩からいろいろと教えてもらうのだが、一人ひとり言っていることが異なる」

「同じ業務なのに職員によって、やり方が大きく異なり、戸惑っている」

「研修で基本的な手順をしかるべき立場の職員から教わるのだが、実際に現場に戻ると、教えられた手順とは違う形で業務が行われており戸惑っている」

この件に関しては、次のような戸惑いの声も寄せられてきた。

「新任職員研修で教えられたとおりに業務を行ったら、現場の先輩職員から『違う』と注意を受けた」

「ある先輩職員から教えられたとおりに業務を行っていたら、『そのやり方は違う』と注意された。それで業務を改めたら、最初に教えてくれた職員から『教えたとおりにやっていない』と注意された。なぜ私が注意されなければならないのか、納得がいかない」

さて、あなたが働く職場はどうだろうか。このような事態が発生することはないだろうか。もしあなたの職場が当てはまるとしたら、見直しが必要だ。管理職員とともに、育成システムを見直し、人が育つ職場、さらには、安心して働ける職場となるように行動を起こさなければならない。

■自己中心的なとらえ方を手放す

チェック項目⑧「自分が思うような手順や方法で業務をしていない人は「仕事ができていない」と決めつけてしまうことがある（職場のルールに従った業務をしている人であっても、自分とは異なる手順や方法で仕事をする人に対しては、ネガティブにとらえてしまうことがある）」について、あなたの自己チェックはどうだっただろうか。もし○がつくとすれば、ストレートな言い方をすれば、〝自己中心性（セルフ・センタードネス：self-centeredness）の罠〟に陥っている可能性がある。職場で共有された公の基準あるいは福祉理念や価値など、専門的知見に裏打ちされた基準ではなく、個人の価値基準で他者の働きを評価するという見方になってしまっているおそれがある。

人の働きぶりを考えるとき、自分はどのような根拠や基準に基づいて判断しているか、自己を振り返り点検することは大切な取り組みになる。振り返った結果、個人的な思いに依拠して判断する傾向にある事実が判明した場合は、すぐにその姿勢を改めなければならない。「仕事ができていない」とのレッテルを貼られてしまった職員の視点から見れば、不当かつ一方的な見方で自分の仕事が評価されることになるからだ。安心して働ける状況でなくなってしまうからだ。

■一方的な批判と思われる言動は即座にやめる

チェック項目⑨「十分な働きができていないと思う職員に対する批判的な言動を、他の職員としてしまうことがある（ある特定の職員について、他の職員と悪口や陰口に興じてしまうことがある）」に○がつくとすれば、すぐに行動を改めよう。十分な働きができていないとの判断が、職場で定めた手順や手法に照らしたものであり、客観的な観点からとらえたものであるとすれば、他のしかるべき立場にある職員と適切な手法をもって情報共有することはあり得る。その職員の育成のために、どのように一致協力して取り組んでいくか、話し合うこともあり得る。いや、むしろ、そのような機会をもつことは必要な取り組みだといえる。適宜、本人と面談し、どのようにして適正かつ的確な業務ができるようになるか、話し合いの場をもつことは適切な取り組みと判断できる。

しかしながら、職員の働きぶりに関する判断が個人的主観に基づくものであったり、職員の働きぶりに関する情報共有が、悪口や陰口という形で行われたりしているのであれば、今すぐに、改めなければならない。誤った判断で、不当に相手にマイナスのレッテルを貼ることになるし、本人の尊厳を著しく傷つけることにもなるからだ。内容によっては、人権侵害とみなされる可能性もある。福祉職員の重要な使命は、社会正義を貫くことであり、すべての人

の権利や尊厳を守ることである。万が一、少しでも逸脱する行為がある場合は、すぐに改める必要がある。そうでなければ、自分が職場に不安をもたらすものになってしまう。安心を生み出す仕事をするはずの福祉職員が、不安を生み出す〝不安クリエーター〟にならないよう自分自身を厳しく戒めていかなければならない。

■感情をうまくコントロールしながら人と接する

チェック項目⑩「他の職員の誤った行動を改めようとするとき、つい口調が強くなり、威圧的になってしまうことがある（相手の言い分を聞こうとせず、一方的に責め立てるような言動に走ってしまうことがある）」に○がつく場合、自分が置かれている状況を厳しくとらえなければならない。

誤った行動の改善を図るという場合であっても、相手に対して、高圧的・威圧的言動を示した場合、人権を損なう行為とみなされる可能性がある。どのような意図であったかということよりも、実際、どのような言葉、態度、姿勢を示したか、その事実が問われることになる。福祉職員は利用者に向き合うとき、自分の感情をプロとして的確にマネジメントすることが求められる。感情がうまくコントロールできず、ネガティブな言動を示すのは容認されることではない。

相手が職員である場合も、同じような観点でとらえなければならない。誤った行動に気づき、改めてもらうというアプローチに及ぶときであっても、感情を爆発させ、相手を心理的に傷つけるような行為に及ぶことは許されない。冷静に落ち着いて、何が問題であり、何をどう改める必要があるか、理解できるよう、説明する姿勢が求められる。

福祉の職場で発生するパワーハラスメントは企業の場合と同様に、部下指導・後輩指導の文脈のなかで発生することがある。他者を正しい業務へと導くための指導が、ハラスメントになれば、何の成果も生み出せない。他者によき指導やアドバイスができる人になるためには自分の感情を的確にマネジメントしながら人と向き合うコミュニケーション・スキルの習得が求められる。

■思いやりや気遣いを相手の心に届ける

チェック項目⑪「他の職員を気遣ったり、思いやりを示したりするような言動が、日々の業務のなかで十分に示せていない（職員一人ひとりを大切にしているというメッセージが日々の業務のなかで示せていない）」には、どのような自己評価がなされただろうか。〇がついた場合はすぐに改善に向けたアプローチに取りかからなければならない。気遣いや思いやりをベースとした働きかけは、相手の心の中に信頼感、希望、安心感を生み出すものとなる。気遣いに欠け、思いやりのない態度や姿勢、振る舞いなどは人の心を傷つける。大きな不安感のなかに相手を突き落とすことになる。

そうならないよう、福祉職員は自分自身を見つめ直さなければならない。どの場面で気遣いや思いやりに満ちた言動が示されているか。どの場面が配慮に欠けたものになっているか、点検していく。十分だと思われる場面については、その状況を維持するだけでなく、さらなるバージョンアップを心がける。不十分なものに関しては、修正に向けた行動に着手する。気遣いや思いやりが相手の心に届くようにするにはどうすればよいか、具体的な方策を考え、即座に行動を起こしていく。

■相手の言動をありのままにとらえる

チェック項目⑫「自分に対して、不信感や敵意を示していると思えるような行動を示す人に対しては、苛立ちや嫌悪感を抱くことがあり、思いやりや気遣いなどを十分に示すことができないことがある」についてはどのような自己判定がなされただろうか。「不信感や敵意を示す人はいるが、そこまで強く苛立ったり、嫌悪感を抱いたりしているわけではないから×をつけた」という人がいるかもしれない。でも、その場合は、この項目に○がつくことになる。問われているのは、苛立ち感や嫌悪感の大小ではない。少しでも、それを感じたら、○がつくことになる。

この項目に○がつく場合、まず取り組まなければならないのは、行動をありのままにとらえるようにすることだ。相手が示す行動に対して、ネガティブな表現で受け止める癖を修正するようにする。相手が見せる行動を、不信感を示しているとか、敵意を示しているという判断を下すのではなく、何があったか、事実だけを見つめるように努める。それを習慣化させていく。

例えば、ある行動を「不快そうに横を向いた」ととらえていたとすれば、「眉間にしわを寄せて横を向いた」ととらえるようにする。ある言動を、「不満を述べた」ととらえたとすれば、「納得できないとの発言があった」と事実だけをとらえた受け止め方をする。

このようなとらえ方をする習慣を身につけると、心が反応しにくくなる。相手の行動にネガティブな解釈を付け加えることをしないので、心が動揺しにくくなるのだ。落ち着いて相手の行動を見れるようになれば、その人に示す態度も変わってくる。

一度、ネガティブモードでとらえる癖がついてしまった相手に対しては、すぐにすべてを修正することはできないが、忍耐強く取り組んでいけば、反応しない習慣は身につけることができる。大事なのは、根気よく取り組んでいくこと。ネガティブモードでとらえたときには、心の中でしっかりとつぶやく。「違う、違う。その人には敵意はない。不信感を私に示したわけではない。ただ、横を向いただけ」「違う、違う。その人には敵意はない。ただ私のあいさつに気づかずに歩いていっただけ」。そのようなとらえ方をしていくことによって、少しずつ、誰かをネガティブ視点でとらえる癖から解き放たれていく。

解き放たれた状態になって、得をするのは誰だろうか。相手だけではなく自分自身も含まれる。人の行動を見て、苛立ったり、不安になったりする状況から解放される。苛立ち

や不安にとらわれない、自由な暮らしが送れるようになるのである。

注：本章は以下の連載に執筆したものを大幅に加除筆修正したものである。
久田則夫「介護現場のリーダー論――どうすれば信頼と希望と安心をもたらすリーダーになれるか　第5回　不安の発生要因を取り除き安心をもたらす存在になる」『ふれあいケア』全国社会福祉協議会、二〇二〇年一〇月号、五二～五四頁

第 9 章

耳が痛いことを
勇気をもって
指摘できる人になる

1 後ろ向きで問題意識に欠ける人は援助者主導型に陥りやすい

福祉職員は人の人生に大きくかかわる仕事をしている。クオリティ・オブ・ライフに多大な影響を及ぼす業務に携わっているので、課題や問題に対して前向きにとらえ、常に業務のレベルアップを図っていく姿勢が求められる。どのような難題が目の前にあろうとも、くじけず、ひるまず、へこたれず、立ち向かう姿勢が必要とされる。周りにあきらめの姿勢を見せる人がいても、同調しない。「知恵を出し合いながら工夫をすれば解決できる」と信じて疑わない姿勢を堅持する。高い問題意識をもち、業務のレベルアップを日々志していく。

前向きな姿勢と問題意識の保持は、利用者本位サービスを志し、実現に向けて確実に勇往邁進する人に共通の特性といえる。対照的に、物事をネガティブにとらえ、何事に関しても後ろ向きの人や問題意識の希薄な人は、利用者本位サービスとはいえない業務姿勢に陥りやすくなる。利用者の意思や希望、個別ニードなどにきめ細かく対応したサービスではなく、「これまではこうしていた」という経

験則だけを頼りにした援助者主導型の業務スタイルに陥りやすい。自分たちの業務を批判したり、問題点を指摘したりする人がいれば、相手が誰であろうと、猛烈に反発する姿勢を示す。部署やチームといった小さなグループの仲間が自分たちとは異なる姿勢や意見を示そうとすると、〝仲間はずれ〟にする、意思疎通を図ろうとしないなど、あらゆる手段を使って冷遇しようとする。立ち向かう勇気を示せなければ、援助者主導型業務を推進する職員メンバーへの仲間入りを余儀なくされる。気がつけば、多くの職員が、援助者主導型業務の信奉者と化してしまうこともある。

2 援助者主導型業務の特徴

援助者主導型業務に陥った人には、後ろ向きの姿勢で改善への意欲に欠け、問題意識に欠けるという特徴がある。現状を直視せず開き直るといった共通点もある。例えば、業務のなかでミスが起こり、利用者に迷惑をかけるような事態が生じても、「これくらいたいしたことない」「限られた人員配置で行っているので仕方ない」などととらえ、問題の大きさを直視しようとしない。管理職の立場にある人が同じような事態が生じないように対策を考えるようにと指示しても、「現場は忙しくてそんな余裕はない」と開き直り、解決策を講じようとしない。その結果、同じようなミスが繰り返される。

部署全体やチーム全体に援助者主導型業務スタイルがはびこると、利用者に対する職員の業務姿勢が極めて危ういものになる。例えば、次のような誤った業務姿勢が示されるようになる。

①急かす
②決めつける
③押しつける
④切り上げる
⑤叱る
⑥つけ込む

■利用者のペースを無視する

「①急かす」とは、利用者のペースを無視した業務スタイルを指す。重視するのは、いかに業務を早く終わらせるかだ。例えば、食事介助の場面では、利用者の嚥下状況や好みのペースで心地よい形で食べていただくのではなく、職員が「これでよい」と一方的に決めたスピードで食べさせようとする。着替え、入浴、排泄ケア、移動などの場面も、同じようなアプローチがなされる。職員のペースで実施される。利用者のペースを尊重したケアを行おうとする職員が現れると、「時間ばかりかかって業務に支障が出る」「勝手にこれまでのやり方を変えられては困る」などと主張し、不快感を露わにする。徹底抗戦の姿勢を決め込み、変わろうとしない。正しい方法での介助や支援の導入を主張した職員は、これまでの誤った業務姿勢に従うか、職場を去るかの二者択一を迫られる。

■自分の主観で物事を判断する

「②決めつける」とは、職員の超主観的な決めつけで行われる業務を指す。利用者には自己決定・自己選択権があるのに、この基本的権利が剥奪された状態になる。ほぼすべての業務が、利用者の意思を確認せずに行われる。今何をするか、どのように過ごすか、どのような服を着るか、どのような活動に参加するか、どのような手順や方法で介護をしてもらいたいか等といった点について、意思確認せず、職員が「これでいい」と決めつけたことを行っていく。意思決定の重要さを主張する職員がいても、どこ吹く風だ。「利用者は意思表示できない」「いちいち確認しなくてもわかっている」と主張し、自分たちのやり方を改めようとしない。コミュニケーションの工夫をするだけで、意思確認ができる利用者がいるのに、「時間がかかる」「面倒だ」と主張し、変わろうとしない。

自分のやり方を押しつける

「③押しつける」は、自分たちの考えややり方を利用者に押しつけることを指す。業務の手順や方法、支援の方法などについて、自分たちの都合で決めたやり方を、利用者の意思や要望に耳を傾けることをせずに押しつけていく。それに従わない利用者は「わがまま」「自分勝手」「集団のルールが守られない」とのレッテルを貼り、厳しい態度を示す。

利用者が楽しんでいることを一方的に切り上げる

「④切り上げる」は、職員の判断で利用者が楽しんでいることを切り上げてしまうような対応を指す。夢中になっている活動や行動があるのに、十分な説明もなく、中断させ切り上げる。本人の承諾もないまま、本人が従事している活動を一方的にやめさせる。利用者の観点からすれば、自分が望む活動に従事できなくなる。どのような活動にどれくらい従事するかという点についての主導権が職員から剥奪される。人生の主体者としての権利が侵害された状態に置かれてしまう。通所サービスであれば、ただそこに通って、職員が望むままの活動に従事しているだけの状況になる。居住型のサービスであれば、ただそこに住んでいるだけで、職員が望む生活スタイル、あるいは、職員たちが自分たちの都合で決めたルールでの生活パターンを強いられる状況になる。

■頭ごなしに責め、とがめる

「⑤叱る」は、職員が一方的に決めたルールや決めごとなどに従わない利用者を頭ごなしに叱ったり、責めたり、とがめたりするような対応を指す。威圧的、高圧的、支配的な言動を示すことによって、利用者の行動を完全にコントロールするのが〝正しい〟業務姿勢とみなされるようになっている。利用者に対して威圧的な態度を示せる職員が、〝よい職員〟とみなされる。そのような態度を示せない職員は、〝未熟な職員〟とみなされ、行動変容を迫られる。利用者に対して支配関係になっている状態を、〝利用者と関係ができている〟とみなす組織文化が出来上がっている。利用者に寄り添い、意思や希望を尊重しようとする職員がいると、「利用者がわがままになる」「勝手なことをし始める」「集団生活のルールが守られなくなる」といって、支配的な関係をつくるよう要求する。

支配されることに慣れさせられた利用者（威圧的な態度や高圧的な態度に慣れさせられた利用者）は、自分たちに寄り添った形での支援をしようとする職員が現れると、一時的に混乱し、要求がエスカレートするような行動、自分の感情をうまく制御できないような言動を見せるようになることがある。こうした行動を利用者が示す場面があると、支配関係で利用者をコントロールしてきた職員は、「利用者を甘やかすからこうなった」「利用者から試されている」などと主張し、自分たちと同じ姿勢を踏襲するように要求する。

■利用者の立場の弱さにつけ込む

「⑥つけ込む」は、利用者の立場の弱さにつけ込むような対応を指す。その典型例は、「交換条件による対応」である。支援や介護が提供されなければ、生活を維持していくことが困難な利用者に対して、「〇〇したら、〇〇してあげる」「〇〇しなければ、〇〇してあげません」といった働きかけをする。例えば、帰宅願望のある利用者に、その願望につけ込むかのように、「お風呂に入ったら、お家に帰れます」といった対応をする。実際には入浴は帰宅の前提条件でもないし、入浴後に帰宅できるわけでもない。約束を果たさなかったとしても、その後、本人が約束を覚えていない可能性が高いということで、何の戸惑いもなく、交換条件を使うようになる。多くの場合、交換条件による対応はエスカレートする。利用者を自分たちの思いどおりに動かすために、あらゆる場面で使われるようになる。

3　援助者主導型の業務姿勢に陥っていないか振り返る

自分が所属する福祉事業所が、急かし、決めつけ、押しつけ、切り上げ、叱り、つけ込んでしまうような援助者主導型の業務スタイルに陥っているかどうかは、自己チェックが可能だ。次に示すような業務状況であるとすれば、極めて高い確率で援助者主導型の業務姿勢にどっぷりと浸かっている可能性がある。改善に向けた行動が速やかに必要となる。

援助者主導型業務チェックリスト

各項目に目を通し、自分が勤める職場の状況（あるいは、自分自身の業務姿勢）に当てはまると思う場合は、チェック欄に○をつける。当てはまらないと思う場合は×をつける。○が多ければ多いほど、援助者主導型の業務に陥っている可能性が高くなる。ただし、○が少ない場合も油断はできない。放っておくと、エスカレートする可能性があるので、一つでも○がついたら、強い危機意識をもって改善に取り組まなければならない。

□ ①家族には直接見せられないような接し方、声のかけ方、話し方などをしてしまっていることがある（家族に見られれば、苦情に結びつくような不適切な手順や方法で行われている業務がある）。

□ ②利用者への直接支援の業務よりも、利用者から離れたところで行う間接業務に多くの時間をかけてしまっている。

□ ③職員が忙しそうな動きをあからさまにするために、利用者が「職員が忙しそうだから頼みごとをするのをやめよう」と遠慮している雰囲気がある。

□ ④支援に困難をきたす言動を示す利用者に対して、専門的な知見や権利擁護の視点を踏まえた支援になっていない（その場しのぎの危なっかしい対応に終始している）。

□ ⑤勤務中、利用者の目の前で、ため息混じり、感情丸出しで不機嫌そうな態度を示す職員がいるが、誰からも注意されずほったらかしになっている。

□ ⑥共通認識に基づく業務や支援ではなく、自己流の業務スタイルがまかり通っている（各職員が自分のやり方で業務を行うということがまかり通っている）。

□ ⑦職員間で報告・連絡・相談が適切に行われていない（報告・連絡ミスのために利用者・家族から信頼を失ったり、事故が発生したりするといった事態が発生しているのに、善処に向けた取り組みが実施されていない）。

□ ⑧自分の専門性、知識、スキルを高めるために自己努力をしている職員が少ない（専門性を磨くために学ぶ職員はいるが、実践に活かせず、学ぶだけの自己満足の状態に留まっている）。

□ ⑨業務の見直しや変化を好まず、拒否する雰囲気が職場内に定着している（業務の見直しや改善などを提案すると、批判されたり、意図的に無視されたりする雰囲気がある）。

□ ⑩業務の振り返りが行われていない（業務の点検や自己評価が適切かつ的確な形で行われておらず、いつもの業務をただ何となく繰り返しているという状況にある）。

4 五つの勇気をもった業務実践を志す

道を切り拓く人になる

援助者主導型の業務を職場から駆逐するためには、それを打ち破るという固い決意と勇気をもった職員の台頭が必要になる。部署やチーム全体で歩調を合わせて、援助者主導型から利用者主導サービスに移行することが理想的に見えるが、そのような形で移行する例は実際にはほとんどない。どのような組織であろうと、どのような会社であろうと、誤った業務パターンの改善は、一人の勇気ある人から始まる。その人がパイオニアとなって、道を切り拓くのだ。勇気ある一人の人が、正しい行動をとり、実績を示し始めれば、少しずつ、同調者が現れるようになる。パイオニアとして変化を遂げた人を見て、自分も変わらなければとの思いを強くしてくれるようになる。先導者が切り拓いた道を歩んでくれるようになるのである。

では、どのようにすれば、パイオニアとして、道を切り拓く人になれるのだろうか。そのためには、次に記す五つの勇気をもつ人になることが求められる。

①常識を疑う勇気
②新しいことにチャレンジする勇気

③自分の力や働きぶりを謙虚な姿勢で受け止める勇気
④職業倫理、権利擁護を推進していく勇気
⑤不十分な働きぶりになっている職員に正面から向き合う勇気

勇気をもった職員になるためのポイント

■現状を点検する

「①常識を疑う勇気」は、たとえうまくいっているように見える業務であっても、徹底的に利用者の立場に立ち、本当にこれでいいのか、改めて点検し見直していく勇気を指す。人には、極めて興味深い特徴がある。一度覚えた業務の手順や方法、ものの見方や考え方は、ずっとそのままの状態で維持したいと考えるという特徴だ。変化を望まず、避けようとする特性といってもよい。この特性に陥ると、人はマンネリズムにどっぷりと浸かってしまう。変化が止まるので、飛躍や成長が遂げられなくなる。

現状維持を重視する姿勢の危うさは、ほかにもある。明らかに誤った業務手順や方法であっても「このままでいい」「今までこうだったからあえて変える必要はない」と主張して、肯定してしまう雰囲気を生み出しやすくなる。冷静に考えれば、修正が必要なのは火を見るより明らかなのに、現状維持の心理がはびこると見えるべきものが見えなくなってしまう。この状況を改めるには、明確かつ強固な姿勢が必要になる。日頃「当たり前」だと思って行っているすべての業務に対して、徹底的に利用者の立場に立ち、本当にこれで適切だといえるのか、クエスチョンを投げかける姿勢が必要となる。高い問題意識をもって常識を疑う勇気を、目に見える確かな行動をもって、示していくことが求められるのである。

■改善に向けて行動を起こす

「②新しいことにチャレンジする勇気」は、日々の業務を点検した結果、修正点が明らかになったとき、躊躇せずに改善に向けて行動を起こしていく勇気を指す。この勇気を示すことで、自分の可能性が切り開けるようになる。さらなる成長と飛躍が遂げられるようになる。どのように経験を積み重ねようとも、働く喜びが実感できるようになる。

新しいことへのチャレンジは、特に勇気をもたずとも取り組めるかのようにとらえる人がいるかもしれない。しかし、実はそうではない。人はある一定の業務パターンを覚えてしまうと、そこに安住しようとする心理が働く。集団の場合は、さらにその心理が強化される。組織全体あるいは部署全体で、これでいいのだと共通認識をもった業務パターンが出来上がると、そのパターンを維持しようとする強固な集団心理が働く。変化を唱えると、これまでよい関係を築けていた仲間から、即座に厳しい視線が向けられるようになる。「チームワークを乱す者」「自分たちが作ったパターンを崩す不心得者」といったレッテルが貼られるようになる。そうした状況のなかで、新しいことにチャレンジする姿勢をもち続けるのは容易ではない。勇気が必要とされるのである。一時的に逆風にさらされる覚悟をもって、行動する決意が求められるのだ。

　決意が明確に示せない場合はどうすればよいのだろうか。他の職員から厳しい眼差しを受け、風当たりが強くなるのは嫌なので、このままでいいのではないかという思いに駆られた場合、どうすればよいのだろうか。そのようなときには、リスク・マネジメントの観点から自分が何をすべきかを熟考することを強くお勧めする。新しいことにチャレンジすることと、新しいことにチャレンジしないでいることを比べたとき、どちらのほうがリスクが大きいだろうか。組織に与えるマイナスの影響はどうだろうか。

　新しいことにチャレンジする場合は、これまでの取り組みとは異なることにチャレンジするので、新しい知識やスキルの習得が必要となる。学びの機会を新たにもつ必要が出てくる。どのような業務課題があるのか、現状を点検、評価するという取り組みも欠かせなくなる。この取り組みへの着手によって、他の職員から「余計なことをする」「業務負担が増える」との声が上がってくることも想定できる。容易には、事が進まないのは明らかである。

　続いて、新しいことにチャレンジしないリスクを考えてみよう。この場合は、成長が止まるというリスクがある。業務面でレベルアップが図れなくなる。旧態依然とした業務パターンを延々と踏襲し続けることになる。今、私たち

は目まぐるしい変化の時代に生きている。さまざまなことが大きく変化している。社会福祉の領域も例外ではない。求められるサービスの質は、時の経過とともに上がり続けてきた。今後も間違いなく、上がり続ける。一年前と同じ内容の業務は、実質的には同じレベルの業務を維持しているとはいえない。実質的にはレベルダウンを意味するものとなる。求められる業務レベルは上がり続けているからだ。こうした観点でとらえたとき、新しいことにチャレンジしない場合の最大のリスクは何であるかが、明らかになる。レベル低下の状態に陥り、社会から厳しい評価を受けるというリスクだ。信用を失うというリスクが高まってしまうのだ。

こうした状況を踏まえれば、新しいことにチャレンジすることと新しいことにチャレンジしないことのどちらが賢明な選択となるかは、一目瞭然だ。どちらにもリスクはあるが、明らかに何もしないほうがリスクが大きい。

これからもずっと、利用者から信頼されるサービスを提供する組織を目指すのであれば、新しいことにチャレンジする勇気をもって行動することが求められているのである。

■独善性という落とし穴にはまらないようにする

「③自分の力や働きぶりを謙虚な姿勢で受け止める勇気」は、おごりの罠に陥らないようにするうえで、欠かせないものである。福祉の仕事をしていると、多くの誘惑にさらされる。そのなかの一つが、無意識のうちに、自分は利用者のためによい働きができている、利用者やその家族に感謝されるような仕事ができている、社会一般から一目置かれるような仕事ができていると思いたくなるという誘惑である。修正すべき点や改めるべき点があるのに、それを見ようとしなくなる。結果的に、「よい仕事ができている」と思い込んでしまうことがある。そうなると、人は独善的になる。課題や問題に真に向き合えなくなるばかりか、誰か問題や課題を指摘する人がいると、猛烈に反発したくなってしまう。こうした罠に陥らないようにするためには、謙虚に自分の力を見つめる。謙虚な心で自分の働きぶりを点検するという姿勢を忘れないようにしなければならない。

■利用者の権利を侵害する行為を見逃さない

「④職業倫理、権利擁護を推進していく勇気」は、利用者の権利を侵害する行為を見逃さない決然たる姿勢という形で示されるものだ。

福祉職員として示されている職業倫理を遵守するのは、利用者本位サービスを担う職員となるための重要な取り組みの一つである。利用者の権利を守っていくという姿勢も欠かせない重要なものである。

福祉の職場において、職員による権利侵害が発生することがある。そのような状況を引き起こしてしまう原因が数多くあるが、とりわけ重要な原因となるのが、何があろうとも福祉の職業倫理に根ざした業務姿勢を貫くという勇気の欠落、さらには、どのような逆風にさらされようとも利用者の権利を守り抜くという勇気の欠落である。

福祉の職場のなかにはさまざまな誘惑がある。改めなければならないことがあるのに「このままでいいのではないか」という心理に陥りやすくなるという誘惑、権利侵害とみなされかねない行為があるのを見て見ぬふりを決め込んでしまおうとする誘惑、権利侵害防止に向けて自分が率先して行動を起こすのは大変だから行動を起こさないでおこう、などと考えてしまう誘惑に負けそうになることがある。これらの誘惑に負けてしまったらどうなるのか。権利侵害防止に貢献できなくなるだけではない。自分自身が権利侵害行為に及んでしまうようになることもある。他者の行動を見て、明らかに問題があるのに、「これぐらいよいだろう」「別に荒立てる必要はないだろう」と判断をするようになると、自分の利用者に対する言動もそのような視点で見るようになる。不適切な行動をしていたとしても、「これぐらいよいだろう」と見て見ぬふりを決め込んだり、容認したりするようになってしまうのである。

こうした事態を防ぐには、権利侵害行為は一切容認しないとの勇気をもつことが求められるのだ。権利を守るための行動は、業務の点検から始まる。まずは自分の業務から点検しよう。職業倫理および利用者の権利という観点からみたとき、日々従事する自分の業務のなかに不適切・不十分なものがないかをチェックしていく。問題があるものを特定したときには、改善に向けて行動を起こす。自分への取り組みが終了したら、職場（部署、チーム）内で行われている業務の点検にとりかかる。どのように小さな権利侵害の芽も見逃さないという姿勢でチェックし、確実に権利が保障される組織環境の実現に貢献することが求められているのである。

■真摯かつ誠意ある姿勢で向き合う

「⑤不十分な働きぶりになっている職員に正面から向き合う勇気」は、とりわけ重要な勇気といえる。これは指摘を受ける職員にとっては耳が痛いことであっても、指摘すべきことを確実に伝えていく勇気と言い換えることができる。

福祉職員の重要な任務は、利用者本位サービスの実現である。この理念に基づき、質の高いサービスを受ける権利、個別ニード、意思や希望などに基づく個別ケアを受ける権利、知る権利、苦情表明権、プライバシー権、一人の人間として大切にされリスペクトされる権利を確実に守っていく責任がある。万が一、共に働く職員のなかに、これらの権利を侵害したり、権利に抵触したりするような働き方をする職員がいる場合、見て見ぬふりはできない。正面から向き合い、耳が痛い指摘をしなければならない。敢然と行動を改めるよう要求しなければならない。対話の機会を速やかにもち、なぜ、不適切な状況に陥っているのか、原因を明らかにしながら、適切なアドバイスを提供し、改善へと導くことが求められている。その際には、頭ごなしの姿勢にならないよう注意が必要だ。高飛車な姿勢で注意されると、相手は心を閉ざしてしまう。たとえ、耳が痛い指摘をしなければならない場面であったとしても、真摯かつ誠意ある態度で向き合うようにしなければならない。

注：本章で紹介した勇気の類型およびそれに関する記述等は、以下の連載に執筆したものを大幅に加除筆修正したものである。

久田則夫「介護現場のリーダー論――どうすれば信頼と希望と安心をもたらすリーダーになれるか 第6回 問題意識を行動で示すリーダーになる」『ふれあいケア』全国社会福祉協議会、二〇二〇年一一月号、五二～五四頁

久田則夫「介護現場のリーダー論――どうすれば信頼と希望と安心をもたらすリーダーになれるか 第7回 勇気をもって耳が痛いことを指摘できるリーダーになる」『ふれあいケア』全国社会福祉協議会、二〇二〇年一二月号、五二～五四頁

また、③自分の力や働きぶりを謙虚な姿勢で受け止める勇気、④職業倫理、権利擁護を推進していく勇気については、以下の文献を参考にして記したものである。

アイラ・チャレフ、野中香方子訳『ザ・フォロワーシップ――上司を動かす賢い部下の教科書』ダイヤモンド社、一二～一四頁、二〇〇九年（Chaleff, I, 2008, Creating New Ways of Following, in Chap. Six, "The Art of Followership", eds. Riggio, R.E., Chaleff, I. & Lipman-Blumen, J, Jossey Bass, pp. 67-88)

第10章

困難な状況にある職員の心の傷を和らげ支える人になる

1　福祉職員として果たすべき重要な役割

ある一定の経験を積んだ福祉職員として働く人には、共に働く職員の心を支えるという重要な役割がある。なぜこの役割を果たす必要があるのだろうか。どんなに心を込めた支援をしていても、利用者から満足してもらえず、心が傷つくような経験をしてしまうことがあるからだ。落ち度がまったくないと思われる働きかけをしたにもかかわらず、利用者から厳しい言動を浴びせられることがあるからだ。

例えば、次のような出来事に遭遇することがある。

Ａさんは特別養護老人ホームで介護職員として働いて一〇年になる。二年前に彼女が働くユニットに入所した認知症高齢者Ｂさんとは、最初から意気投合した。他の職員が働きかけても、反応が薄く、表情も曇ったままの状態。でも、Ａさんの姿を見ただけでＢさんの表情は活き活きとしたものになる。Ａさんが心の支えとなり、平穏で充実した時間を送ることができる状況となっていた。Ａさんにとっても、Ｂさんとよい関係が築けていることが大きな自信となっていた。

ところがある朝のこと、Ｂさんの様子が一変する。Ａさんの顔を見ても、いつものように平穏な表情を見せてくれない。それどころか、きつい表情でにらみつけ、大きな声で怒鳴りつけられた。今までの人生で経験したことのないような、きつい言葉を浴びせられた。それ以降、声をかけると、罵倒するかのようなきつい言葉が必ず返ってくるようになってしまった。介護しようとして手を差し伸べると、強い力で叩いたりつねったりするようになった。Aさんの前腕や手の甲には、擦り傷やあざが絶えない状況となった。

Aさんにとって痛みを感じるのは、身体の傷だけではなかった。突然の豹変に、心が大きく傷ついた。「何か、私、悪いことしたのだろうか」と振り返るが、答えは見出せない。ここ数か月、Bさんの声が聞こえてくるだけで、心臓がドキドキして、不安な気持ちでいっぱいになる状態が続く。すっかり自信をなくしてしまい、離職を考えるようになった。

この例は、高齢者介護現場で発生したものだが、似たようなエピソードはどこの福祉領域でも発生する。子ども福祉領域でも、障害者福祉領域でも、類似事例の発生は珍しくない。こうした例は、決して特殊なものではなく、どこの領域でも起こり得るものだ。

利用者の心に何らかの理由で大きな変化が生じ、支援に携わる職員に対して、ある日突然、罵声を浴びせ始める。支援しようとすると、混乱状態になり、大きな声を上げる。職員を思いっきり叩いてしまうなどといった行動に及ぶことがある。多くの職員は頭の中では理解している。利用者に悪気がないということを。何かが利用者をそのような言動に追い込んだのであり、本人は責められる必要はない。職員にも特段落ち度はなく、自信をなくす必要もないし、他の職員から後ろ指をさされることもない。そう頭の中で理解しているつもりであっても、自分自身が当事者となり、実際に利用者からきつい言動を受けると、冷静ではいられなくなる。不安感でいっぱいになる。心が大きく傷つくことになる。

2　傷つき経験は職員とのかかわりのなかでもたらされることもある

傷つき経験は、他の職員とのかかわりのなかで発生することもある。他の職員のきつい言動にさらされ、心が大きく傷ついてしまう経験である。職員の心に傷を残す言動は、必ずしも、誰もが目にしたり、耳にしたりできるようなわかりやすい形式でなされるとは限らない。特定しにくい形で行われることもある。こうしたケースでは、傷つき経験をした当事者の視点からいえば、誰からも気づいてもらえず、サポートが受けられない状態に置かれることになる。傷つくような経験が長期間に及ぶ場合は、ずっと一人で苦しみ耐えなければならない状況に置かれることになる。

職員間で発生する、傷つくような言動は身体的暴力に及ぶような言動、大きな声で怒鳴りつけるような言動などであれば、容易に他の職員も察知できる。何が発生したか、事実の把握も比較的容易だ。被害に遭った職員からの訴えに応じ、しかるべき立場にある職員が速やかに対応することも可能だ。しかしながら、目に見えにくい、他者から把握するのが困難な形の言動は、特定が困難なために介入が難しくなる。傷つく立場の職員からすれば、サポートが受けられない状態が続いてしまう。

3 傷ついた人の心にコンフォートをもたらす人になる

では、どうすれば業務のなかで傷つき経験をした人を支えられる福祉職員になれるだろうか。一人の責任ある立場の職員として、共に働く職員の心をサポートする人になれるだろうか。そうなるためには、何よりもまず、安心感や平穏さ、なぐさめなどを人の心にもたらす働きかけを行っていくことが必要不可欠になる。英語では「コンフォート」(comfort)と表現される状態をもたらすことが必要になる。

コンフォートは安心感、快適さ、なぐさめを意味する英単語である。この単語を正しく理解するためには、その成り立ちを知る必要がある。この単語は、厳密に言えば、一つの単語ではない。二つの部分から成り立っている。一つは接頭辞の「コン」(com)。これは、何かを強めるもの、つまり、接頭辞の次に続く名詞を強めるものとして用いられる。フォート（fort）は、フォルティス（fortis）を由来としており、強い力を意味する。外敵の圧力に決して屈することがない「揺るぎない砦」という意味もある。つまり、コンフォートには、不安のなかにある人たちを、絶対的な安心感という「揺るぎない砦」のなかに招き入れ、傷ついた心を適切な支えによって癒していくとの意味が込められているのである。

4 親切、やさしさ、思いやりの心をもって接する

すべての振る舞いを相手にとって心地よいものとする

こうした意味でのコンフォートをもたらす人になるためには、親切、やさしさ、思いやりなどが伝わるように気を配りながら、人と接するように努めることが必要になる。すべての振る舞い、仕草、態度、姿勢、物腰、言葉などが、相手にとって、柔和で心地よいものであるように、心がけていく。実際にこのアプローチに取り組むとき、難しく考えすぎる必要はない。具体的に何をするかは、シンプルに考えるようにしよう。基本は、「黄金のルール」に従うこと。「自分がそうされたら嬉しいと思うことを人にする」ようにしていく。親切、やさしさ、思いやりなどをベースとして行動を、実際に、どのような形で示すかは、人それぞれだ。これでな

ければならないという固いルールはない。私たち人間には生まれもった個性や人生のなかで身につけた品性が備わっている。それは人によって千差万別。同じではない。よって、人に親切さややさしさを示そうとするときは柔軟なアプローチであっていいのだ。自分の個性と品性をフル活用しながら、相手に示せばよい。自分がそうされたら嬉しいと思うことを列挙し、自分が思う親切さの形で、やさしさの形で相手に差し出すようにする。

もし、そうしてもらったら嬉しいというものが、「笑顔で接してもらえると嬉しい」「あいさつのときに『おはよう』だけでなく、ひと言ポジティブなコメントを付け加えてもらえると嬉しい」「たいしたことをしてなくても、ありがとうって言われると嬉しい」といったものであれば、それを自分の個性とこれまで身につけた品性を最大限活かして、示すようにする。笑顔の示し方は、人それぞれでよい。これでなければならないと考えると緊張し、自分がこうしてもらったら嬉しいなと思う笑顔とは遠く離れてしまうものになってしまう。もし、自分の個性や品性を反映させた笑顔がイメージしづらければ、今まで経験した最高の笑顔を思い浮かべるようにしよう。人生のなかで、どの人が示した、どのような笑顔が一番、印象に残っているだろうか。心に安らぎやなぐさめをもたらしてくれただろうか。不安を吹き飛ばすものとなってくれただろうか。きっと何人かのステキな笑顔が思い浮かぶに違いない。浮かんだら、その人の笑顔を真似するつもりで笑顔をつくってみよう。自分の個性からすれば、ちょっと真似しづらいという場合は、最高の笑顔の人を思い浮かべるだけでよい。その人の笑顔を頭に浮かべつつ、自分の笑顔をつくってみる。きっと、やさしさを反映した、あなた独自の笑顔が見せられるようになるはずだ。

ポジティブなコメントを添える

あいさつに加えて、ポジティブなコメントを付け加えるというのも同じ方法で取り組む。これまで出会った人のなかで、安心感をもたらしてくれた人があいさつにどんなコメントを付け加えてくれたか、自分の経験を振り返ってみる。そのうえで、その人がプレゼントしてくれた言葉を真似して使ってみる。もちろん、自分独自の言葉でもよい。その人のことを思い浮かべながら、言葉を発すると、やさしさや思いやりが伝わりやすいものとなって、今伝えたい人の心に届くものとなるだろう。

ありがとうという言葉も同じ方法でアプローチする。これまでどのような場面で、どういうふうな面持ちで「ありがとう」と言われると、安心感に包まれたか。不安から解放されたか。心に潤いを感じたかを考えてみる。そのなかで、印象に残っているものを参考にしたうえで、「ありがとう」を伝えるようにする。**「ありがとう」は相手の存在への感謝を示す言葉だ。相手を大切にしているという思いを伝える言葉でもある。**さらには、相手の存在が自分にとって大切なのだと

いうことをメッセージとして伝える言葉でもある。痛みのなかにある人にとっては、傷を覆い、痛みを軽くするものとなる。傷を覆う最良、最善の〝絆創膏〟となるのである。

5 うまくできない業務に対するアドバイス方法を工夫する

頼れるアドバイザーになる

心が傷ついた職員をコンフォター（comforter：支える人）としてサポートしていくためには、うまくできない業務に関して、よきアドバイザーとなることが必要だ。利用者との関係において経験する傷つき経験も、職員の間で経験する傷つき経験も、その根底にあるものを探ってみると、「苦手意識」すなわち「何らかの業務がうまくできない」「ある特定の人との関係づくりがうまくできない」などという思いが存在するケースが少なくない。

利用者に対する直接の業務について何らかの「苦手意識」があり、うまくできないために、関係がうまく築けず傷つき経験をするということがあり得る。信頼関係が築けないがために、利用者からきつい言動を受け傷つくこともあり得る。あるいは、認知症、自閉症、発達障害、知的障害、精神疾患などの影響により何らかの行動障害を示す人への対応に「苦手意識」をもち、うまくサポートできず、傷つきを経験することもある。

職員との関係のなかで経験する傷つきも、多くの場合、「苦手意識」が関与する。ある業務に対して、「苦手意識」があり、思うようにこなせない。他の職員が期待するレベルで達成できない。それがきっかけで、他の職員から冷ややかな視線や言動などを浴び、心が傷つくケースがある。

苦手意識克服へのアドバイス

本人が「苦手意識」をもつ業務、うまくこなせていないと思っている業務について、アドバイスする場合には、原因を掘り下げることにまずは力を傾注しよう。どのような業務について、何が本人のなかに「苦手意識」を強く生み出すものになっているのか、を明らかにする。そのためには、「苦手意識」をもつ業務について、当該職員が、どのような手順や方法で取り組んでいるか、再確認することが必要だ。共に同じ部署やチームで働く仲間であれば、おそらく、どのような業務にどのような手順や方法で取り組んでいるかはある程度把握しているだろう。でも、それで「わかっている」と決めるのは誤りだ。日常業務のなかでは、集中して見ている状況ではないので、正しく把握しているとは限らない。サポートすると心に決めた時点から、意識して、その場面を見るように努める。といっても、立ち止まって凝視するというイメージではない。さりげなく視線を送る。利用者への対応であれば、耳をそば立てて聞くように努めていく。

そうすれば、ある一定の改善に向けたポイントが見えてくるようになる。どこにつまずきがあるのか、どこをどのような形でどこまで修正すればよいか、が見えてくる。この段階になってから、対話の機会をもつようにする。アドバイスの際には、相手の立場に立って、思いやりの心をもって、向き合うようにする。自分がもし目の前にいる相手であれば、どのような言い方で伝えられると、納得するか、落ち着いて話が聞けるか、すぐに改善に取り組めるという思いが抱けるか、等といった点に留意しながら話をする。一気に問題解決を図るというよりも、一つずつ順番に時間をかけて修正していくという姿勢でアドバイスしていこう。

6 何があろうともサポートするという姿勢を示す

とことんサポートするというメッセージを相手の心に届ける

傷ついた人の心に安心感をもたらし、厚い信頼が寄せられるコンフォーターとなるための最後のポイントは、いつもどんなときもサポートするという姿勢の明示である。「あなたを大切に思う人がここにはいる」「力不足かもしれないけれど、そばに寄り添って支えたいと思う人がいる」というメッセージを伝えるようにする。

このメッセージが相手に伝わるようにするには、どのようなことがあろうと、「人をネガティブにとらえない」という姿勢を堅持しなければならない。職場のなかで傷つき経験をしている人は、ネガティブな視点に苦しんでいる。他者から寄せられているネガティブな視点や評価に心を痛めているケースが非常に多い。といっても、ネガティブな視点を寄せられていると思っていることが、必ずしも事実に基づくものとは限らない。何らかの理由によって、心理的に追い詰められ、他者のちょっとした仕草、眼差し、働きかけなどをネガティブにとらえることになっているケースもある。こうした場合も、コンフォターとなる人は、支える姿勢を鮮明にする。たとえ、客観的にみれば、思い過ごしであったり、誤解であったりしても、その人が今苦しんでいる、傷ついているという思いをありのままに否定せずに受け入れる。

寄り添い支える姿勢を示す

傷ついた人を支える初期段階で必要なのは、何があろうともその場を離れず支える人がいるという姿勢を示すことだ。１１９番の通報を受けて、駆けつける救急隊員と同じような役割を果たすようにする。本人がどのような状況にあるか、本人が訴えることをありのままに聞き、認め、受け入れていく。その段階で、「こうすればよかったのですよ」「こうしたことをしたからこうなったんですよ」といった働きかけをする必要はない。今、どのような心理状況にあるのか、そして、今、何が緊急に必要とされるかという点を明らかにすることに力を傾注する。一貫して示すのは、「支える」という姿勢だ。すべてを尽くして、思いを尽くして、知識と力を尽くして、守り支えるという姿勢を堅持する。

「私にはどんなことがあろうとも支えてくれる人がいる」との確信がもてるようになったとき、人は自分が置かれている状況を冷静にみられるようになる。傷つき経験から回復するうえで自分に何ができるか、考えられるようになる。支えと見守りがあれば、自分自身で傷を癒やしていく取り組みに着手できるようになる。

注：コンフォート（comfort）という単語の成り立ちに関する説明は次の文献（サイト）を参考にした。
Online Etymology Dictionary, comfort. ©2001-2021 Douglas Harper
https://www.etymonline.com/word/comfort
（閲覧日：2021/03/09）

注：本章は、以下の連載に執筆したものを、再構築し、大幅に加除筆修正したうえでまとめたものである。
久田則夫「介護現場のリーダー論――どうすれば信頼と希望と安心をもたらすリーダーになれるか　第9回　心が傷ついた職員を支えるリーダーになる」『ふれあいケア』全国社会福祉協議会、二〇二一年二月号、五四～五六頁

第 11 章

寛大な姿勢で人を指導する人になる

1　必要とされる正しい指導力の発揮

指導の意味を正しく理解する

必要なときに、絶妙のタイミングで、必要な指導力を発揮する職員がいる福祉職場は、利用者本位サービスの提供に向けて確実に飛躍と成長を遂げることができる。今、福祉職場に求められるのは、適切な指導力を発揮できる職員の存在である。職場を正しい方向に導けるリーダー職員の存在である。

そのような職員がいれば、職員主導型の業務に陥るリスクが回避できる。適切なリーダーシップによって、改めるべき点が示され、どこに向かう必要があるか明示される。万が一、援助者主導型の業務姿勢に陥っている場合であっても、その状態から脱却し、利用者本位サービスの考えに基づく業務スタイルへの転換を図ることができるようになる。利用者の立場からすれば、安心かつ安全で質の高い支援が享受できるようになる。職員一人ひとりの視点からいえば、適切な指導力を発揮するリーダー職員の存在によって、成長を遂げることが可能となる。

ただしここで一点、注意しなければならないことがある。指導力が正しく発揮されれば、職場も職員もそれぞれ成長軌道が描けるが、誤った形で指導力が示されれば職場の業務レベルは急低下する。利用者のクオリティ・オブ・ライフは急落し、サービス利用満足度も地を這うレベルにまで落ち込む。職員のモチベーションも低下し、働きがいが実感できない職場環境となってしまう。

誤った形での指導力は、「威圧的」「批判的」「叱責的」な姿勢で示される。不適切な業務姿勢で働く職員がいたとすれば、毅然とした態度で向かうことは必要だ。和気あいあいとした雰囲気ではなく、緊張感のなかで対話の機会をもつことが必要になる。とはいえ、それは圧倒的な力によって相手を組み伏すようなアプローチをするという意味ではない。頭ごなしに相手が悪いと決めつけ、糾弾するという意味でもない。自分の非を認められない人に対して、強い口調で説き伏せ、説得するという形でなされるものでもない。

指導するとは、文字どおり、向かうべき方向を〝指〟し示し、そこにたどり着けるよう導くことを指す。強引に力で圧倒し、向かうべき所に〝連行〟するという形で行われるものではない。力で圧倒し相手を無理に変えようとすれば、反発を買うだけで終わる。望ましい行動へと導くことはできない。向かうべきところに導くことはできない。一時的に、たどり着いたとしても、また、すぐに元に戻ってしまう。力でねじ伏せられた結果であり、心の底から納得していないからだ。納得しないなかで起こした行動は長続きしない。どんなに以前よりよいところにたどり着いたとしても、あるいは、よい状態に自分がなったとしても、元の状態に戻る〝回帰現象〟を示すようになる。

責めるような姿勢では人はついてこない

福祉の職場を訪ねると、管理監督者の立場にある職員から、「いろんな業務改善に取り組んで一時的によい状態になったとしても、しばらくすると元に戻ってしまう」「間違った接し方をしている職員を指導して、一時的によくなっても、元に戻ってしまう」などといった話を頻繁に耳にする。状況をつぶさに調べてみると、原因はいつも同じだ。部下として働く職員は誰もが納得していなかったのである。

業務に関する問題点に関して、管理監督者は強い危機感を抱いて臨んだのだが、誤った思いを心に抱いたまま、改善に取り組むよう職員に要求した。どんな思いが心にあったかというと、「現場で働く職員たちには危機感がない」「現状に課題があるという認識がない」「問題を問題ととらえない甘さがある」などといった思いであった。そのために、職員全体に対して、「どうして危機感がもてないんだ」「こんな状況でのほほんとしているなんてけしからん」という姿勢を示すようになっていたのである。高圧的な指導であったので、計画立案と初期段階の実行までは従った。でも、職員の心は管理監督者から離れていた。自分たちを頭ごなしに否定し、何も考えていないかのように扱う姿勢に、怒りさえ感じていた。心が離れていたので、最後までやり通すには至らなかった。途中で改善に向けた行動を放棄することになったのである。

この種のミスは、個人を対象とした指導の際にも繰り返されることがある。たとえ、自分が犯したミスや落ち度に対する指導であったとしても、「すべての責任はあなたにある」「あなたが悪い」などといった前提でアプローチされると、納得できなくなる。改めるべき点があることを自覚したとしても、行動には移せない。指導を受けて、その場では「わかりました」と答えたとしても、納得していないので、行動は起こさずに終わるのだ。**指導の方法を間違えると、指導の結果、指導を受ける側の職員の心に残ったのが、怒りと憤りと不信感だけであったという例は数えきれないほどある。**業務の見直しにもつながらないし、指導をする人とされる側の信頼関係は地に落ちることになってしまう。

2 問題は寛大さの欠如、すなわち傲慢さにある

なぜ、管理監督者の立場にある人が誤った指導をしてしまうことがあるのか。原因は、心の中に、傲慢《ごうまん》さが潜んでいたからである。本人は自覚していないが、指導を受ける側の職員からみれば、明らかであった。一方的に責め立てる。叱責する。自分たちの非ばかり責め立てるという形で、威圧的、高圧的、叱責的姿勢で指導を行った。自分たちが何も考えていないかのよ

うに、問題意識が皆無であるかのような発言を繰り返した。その結果、指導をすればするほど、心は離れるという状況を生み出していたのである。

指導する立場にある管理監督者に欠けていたのは、寛大な姿勢であり、眼差しであった。相手の行動を「よい」「悪い」の二分法でとらえ、「悪い」ととらえることに関しては、〝裁く〟姿勢を示していた。相手を批判し、責めるとの姿勢を示していた。相手のことをリスペクトし思いやる寛大な姿勢が微塵《みじん》も示されていなかった。それが適切な指導力が発揮できない最も大きな原因の一つであった。

3 求められる寛大な姿勢

それではここで考えてみよう。寛大な姿勢で指導できる人になるためにはどうすればよいのだろうか。そのためには、三つの取り組みに着手しなければならない。第一は、どのような場面で寛大な姿勢で指導力を発揮することが必要なのか、その場面の確認である。第二は、寛大な姿勢による指導方法の習得である。そして、第三は、指導力を発揮する人に求められる思考・行動特性の習得である。

どのような場面で寛大な姿勢で指導力を発揮することが求められるかについては、次のように整理できる。

①部下、後輩、同僚などがミスを犯したとき
②一生懸命取り組んでいるのだが、思うような実績が示せないとき
③新しいことにチャレンジしたが、失敗に終わったとき
④職場に対する不信感や苛立ちなどの感情を示しているとき

こうした場面で寛大な姿勢が示せれば、相手の気持ちは安心感に包まれるようになる。責められない、否定されない、ということが実感できるようになる。大切にされ、守ってもらえるということが実感できる。失敗に対する恐怖感がなくなっていく。職場に対する自分の気持ちを素直に表したとしても頭ごなしに否定されないという思いを強く抱けるようになる。指導する人に対する信頼感も高まっていく。改善に向けたアプローチに着手しようとの働きかけがあっても戸惑いを感じなくなる。苛立ちや反発を覚えることなく、喜んで協力するという姿勢が示せるようになる。

4 寛大な姿勢の習得は自己チェックから始まる

続いて、寛大な姿勢で指導力を発揮できる人になるための取り組みに着手しよう。それは自

分がどれくらい寛大な姿勢をもっているか、自分自身を振り返り、チェックすることから始まる。振り返りによって、自分が何をする必要があるか、ピンポイントに把握できるようになる。

振り返りの簡易ツールとして、「寛大さ自己チェックリスト」を用意したので、チャレンジしてほしい。

寛大さ自己チェックリスト

各項目に目を通して、自分の状況に当てはまっていると思う項目についてはチェック欄に○を入れる。自分の状況に当てはまっていないと思う項目についてはチェック欄に×を入れる。

□ **〈項目①〉後輩や部下のミスを思いやりのある姿勢で受け止めることができる**
（頭ごなしに否定したり、がっかりした姿勢をあからさまに示したりするような態度は示さない。ミスをやさしい姿勢で受け止めたうえで、原因を探り、解決策を講じるようアドバイスできる。原因探索や解決策の考案に全面的に協力する姿勢を示せる）

□ **〈項目②〉業務がうまくこなせない状況にある人をやさしい眼差しで受け入れることができる**

（本人の思いに寄り添いながら、話を聴くことができる。じっくりと話を傾聴して、何が原因であるか、一緒に模索できる。解決策について、本人が立案し実行できるようサポートできる）

□ **〈項目③〉何か新しいことにチャレンジしてうまくいかない状態にある人に、やさしく、柔和で、思いやりある姿勢を示すことができる**

（壁にぶつかり立ち往生の状態になったとき、適宜、必要なアドバイスをすることができる）

□ **〈項目④〉職場や上司に対して、不信感を示すような言動を示す人に対して、やさしさと思いやりをベースとした態度で冷静に話を聴くことができる**

（職場批判あるいは上司批判と受け取れるような発言をする人に対しても、落ち着いて、冷静に向き合える。何が原因でネガティブなとらえ方がなされるようになったか、冷静沈着に探索する姿勢を貫ける。その結果、改めるべき点に気づいたときには、すぐに改善に向けて、共に行動するという姿勢を示すことができる）

さて、チェックの結果、×がつく項目がある場合は、各項目の括弧内に示した文章にじっくりと目を通すようにする。そのなかに、正しい行動を起こすためのヒントが書いてあるので、それを手がかりにして改善に向けた行動を起こすようにする。

チェック項目④については、管理監督者が自己チェックをして自分を振り返る場合、×がつきやすくなる。もし、×がつく場合は括弧内に書いてあること、すなわち、「職場批判あるいは上司批判と受け取れるような発言をする人に対しても、落ち着いて、冷静に向き合える。何が原因でネガティブなとらえ方がなされるようになったか、冷静沈着に探索する姿勢を貫ける。その結果、改めるべき点に気づいたときには、すぐに改善に向けて、共に行動するという姿勢を示すことができる」人になるよう行動を起こすことが求められる。

こうした努力を積み重ね、寛大さをより高いレベルで身につけることが求められているのである。

5　指導力を発揮する人に求められる思考・行動特性

指導力が発揮できる職員になるために、続いて取り組んでほしいのは、「指導力を発揮する人に求められる思考・行動特性」の把握と習得である。これが理解できれば、自分に何が必要とされているのか、あるいは、何が足りないのか、確認できる。十分ではないものは十分になるよう行動を起こす。欠けているものは、習得に向けて行動を起こしていく。

「指導力を発揮する人に求められる思考・行動特性」は次のように整理できる。

指導力を発揮する人に求められる思考・行動特性

①福祉職員としてどのような実践理念、価値のもとで働く必要があるか理解し、それに基づく業務遂行ができている

②他の職員のモデルとなるような業務が遂行できている（他の職員にとって、よいお手本になるような、適切で正しい方法の業務が遂行できている）

③喜びをもって業務に取り組んでいる（仕事に対して高い満足度を得ている。今の職場で働くことを誇りに思い、それを行動で示すことができている）

④職場内や部署・チーム内に存在する問題や課題を見て見ぬふりせず、常に改善に向けて行動する姿勢を示している

⑤法令違反や利用者の権利を侵害する行為を否定する強い倫理観をもって働いている

⑥自分が果たすべき役割を明確に理解しており、具体的にどのように役割を果たしているか理解している

⑦職場内の情報を職員全体で把握することの重要性を理解しているし、必要な情報が職員全体で共有できるよう最大限の努力をしている

⑧利用者の最善の利益（Best Interest）を保障することが職員の重要な責務の一つであると理解しているし、その考えに基づいた業務を遂行している

⑨自分がプロとして成長してきた足跡と、自分がサービス向上に寄与してきた足跡を明確に示すことができる（成長を遂げてきた足跡を自分だけではなく、他者にも示すことができる）

⑩後輩、同僚の働きをフェアに評価し、やる気を高めたり、引き出したりすることができる

6 指導に当たる際の留意点

福祉職員としてある一定の経験を積み重ねたならば、これらの特性に磨きをかけたうえで、他の職員に指導力を発揮するよう努めなければならない。実際に個別指導を行う場合には、次の三点に留意しながら取り組むよう心がける。

■①職場の理念、求められる業務姿勢、さらには業務手順のガイドラインなどを再確認する

指導に当たる際には、どのような理念を実現するために当該事業所は設立されたのか、職員にはどのような姿勢で業務に携わることが要求されるのか、そして職場で定められた業務手順のガイドラインを把握することが求められる。これらの点を把握していれば、そもそも何を実現するために指導力を発揮するのか、理解できる。指導を必要とする職員に対して、何が足りないのか、どの部分が不十分な状態にあるのか、的確に示せるようになる。

■②職員の働きを認め、ねぎらい、いたわりの気持ちを示したうえで指導に当たる

指導の際に、当該職員の欠点や不十分な点の指摘から始めると、相手は心を閉ざしてしまう

可能性が高くなる。指摘が的を射たもので成長に必要なことだとわかったとしても、素直に受け止められなくなる。

こうした事態を防ぐために、指導に当たっては、プラスの眼差しの提示から始めるという人材育成の基本原則を貫くようにする。指導の対象となる職員を、ポジティブな視点でとらえ、認める姿勢を明確に示す。日々の働きに対して、心の底からねぎらい、いたわる気持ちが相手の心に届くよう、工夫しながら伝えるようにする。

■③相手の立場に自分を置き、思いやりに満ちた共感的姿勢での指導を心がける

人を指導しようとすると、態度や姿勢が「上から目線」になってしまうことがある。きつい態度や姿勢で働きかけると、相手は心理的に萎縮する。無意識のうちに、心を閉ざす〝心理的防御モード〟に入ってしまい、指導内容が耳に入らなくなってしまう。

安心して**指導を受け入れてもらえるようにするには、思いやりとやさしさをベースとした共感的姿勢が必要となる。**指導を受ける側の職員の立場に自分を置き、どのような姿勢、表情、言葉で指導を受けると、安心して、落ち着いて話が聴けるか、を考えるようにする。どのような向き合い方、話し方、態度が、思いやりあるものとして、相手にとらえられる

か。この点に留意しながら、指導に当たっていく。

7　感謝の気持ちをもって人と接する

感謝は勇気と安心感をもたらす

最後に、指導の際に決して失ってはならない基本姿勢を確認したい。効果的に人を正しい方向に導く人になるために、感謝する姿勢をもって誰とでも接する姿勢を堅持しなければならない。感謝は人に勇気と安心感をもたらすものとなる。今この瞬間、困難に直面していたとしても、「必ずよくなる」と希望を抱く心を人にもたらしてくれる。

感謝の対象

感謝の気持ちを言い表す対象は、次の三つに分類できる。第一は、他者に対してだ。共に働くすべての人に感謝の気持ちを示す。言葉や態度で、「ありがとう」の気持ちを伝える。その際に例外はつくらない。すべての人に感謝を伝える努力と工夫をしていくよう努める。

第二は、自分自身に対してだ。福祉職員として日々働く自分に対して、感謝の気持ちを明確に伝える。自分の働きぶりに対して、「ありがとう」と感謝の気持ちを示し、労うようにする。福祉職員として働く人が忘れてしまいやすい感謝の対象はまさに自分自身だ。今、この瞬間、自分が福祉の職場で働き、さまざまな人たちの支援に携われるのは、自分という存在が確かにここにいるからだ。心を尽くして思いを尽くして人を支えていくというのは簡単な仕事ではない。どんなによい働きをしていたとしても、他者から必ずしも、感謝されるとは限らない。誤解を受け、厳しい言動や眼差しにさらされることもある。そんな自分を支えるためには、自分自身に対して感謝の気持ちを伝えることはとても大切だ。自分をねぎらい、いたわり、感謝していれば、さまざまな困難にもうまく向き合えるようになる。ストレスやプレッシャーに対してもうまく対応できるストレス・マネジメント・スキルやプレッシャー・マネジメント・スキルなどが身につけられるようになる。

第三は、自分が今いる状況に対してである。どのような状況にあろうとも、感謝の姿勢を示す。うまくいっていないことにも、「今は苦しいけれど、大丈夫。きっとこの経験を通して成長できる。ありがとう」と感謝の気持ちを表明する。

感謝がもたらす効果

さて、ここで確認しておこう。なぜ福祉職員には感謝の気持ちを明言する姿勢が求められるのだろうか。理由は、次に示す見逃せない効果があるからだ。

〈効果1〉ものの見方やとらえ方が前向きになる

感謝の気持ちを口にすると、ものの見方やとらえ方が確実にポジティブなものに変わっていく。信頼関係がうまく築けない人に対しても、前向きな姿勢で向き合えるようになる。自分に対しても同様の効果がある。気持ちが落ち込んでいる自分に対して、「ありがとう」と心の中で言葉をかけながら向き合うと、気持ちがリラックスする。「大変だ」と思う状況に対しては、「この状況が私を育ててくれるのだ」と前向きにとらえられるようになる。

〈効果2〉自信と勇気と行動力が増し加わる

ものの見方やとらえ方が前向きになり、リラックスした気持ちでみられるようになると、新たなことや困難なことにも自信をもって、チャレンジできるようになる。今までの業務方法を見直したり、改善に取り組んだりする勇気も抱けるようになる。自信と勇気をもって、行動できるようになる。

指導が困難で、思いが伝わりづらい人であっても、忍耐強く指導できるようになる。ゆっくりじっくり落ち着いて、どのような伝え方をすれば、理解してもらえるか、考えられるようになる。感謝する心によって生み出される、自信と勇気と行動力は、苦しい状況にあっても、希望をもって、やるべきことにチャレンジしていく、忍耐力をもたらしてくれるという効果がある。

〈効果3〉人の気持ちをリラックスさせ安心感で包み込む

感謝の気持ちは、それを伝え聞く人は言うまでもなく、その気持ちを言い表す自分にも安心感をもたらすという注目すべき効果がある。安心感に包まれると、日々の業務に対する負担感は大幅に軽減する。かつては、「大変だ」と思っていた業務であっても、前向きな姿勢で取り組めるようになる。

リラックスした気持ちで人と向き合えば、ゆっくり、じっくり、人の話が傾聴できるようになる。どのような思い、価値観、ものの見方や考え方などをするのかを知ることができるようになる。これらの点について理解が深まると、どのようなものの言い方や伝え方をすれば、相手が納得しやすいかもわかるようになる。どのような伝え方をすると、誤解を招いたり、不快感を抱かせたりするのかも把握できるようになる。指導のための言葉が、相手の心に届く職員になることができる。

〈効果4〉指導する人の言葉が人の心にしみ込み、素直に受け取ってもらえるようになる

感謝の気持ちを常に言い表す人の言葉は、心にしみ入りやすくなる。**たとえ、耳が痛い指摘であっても、日頃から感謝の気持ちを十分に示している人の言葉であれば、心を開いて素直に受け止めることができる。**感謝には、反発や抵抗する気持ちがわき上がるのを防ぐ効果があ

る。

8 「ありがとう」の気持ちが心に届くよう工夫する

感謝には、こうした優れた効果があるからこそ、福祉職員として働く人は皆、日々、感謝上手な姿勢を示すよう心がけなければならない。方法は極めてシンプルだ。「ありがとう」という気持ちが、伝えたい相手（自分自身も含む）に届くように工夫していく。

以心伝心ではなく、言葉や態度で明確な形で伝えるようにする。自分自身に対しては、「いつも良い仕事してくれているね。ありがとう」と心の中で言い表すようにする。他者に対しては、日常のかかわりのなかで、どのような働きに感謝しているのか、どのような点で助かっていると感じるのか、感謝の気持ちを具体的に伝える工夫をしていく。

こうした努力の積み重ねで、あなたが働く職場が、すばらしい職場へとさらなる発展を遂げられることを心から願っている。

注：本章は、以下の連載に執筆したものを、再構築し、大幅に加除筆修正したうえでまとめたものである。
久田則夫「介護現場のリーダー論――どうすれば信頼と希望と安心をもたらすリーダーになれるか 第8回 適切に指導力を発揮するリーダーになる」『ふれあいケア』全国社会福祉協議会、二〇二一年一月号、五二～五四頁
久田則夫「介護現場のリーダー論――どうすれば信頼と希望と安心をもたらすリーダーになれるか 第9回 心が傷ついた職員を支えるリーダーになる」『ふれあいケア』全国社会福祉協議会、二〇二一年二月号、五四～五六頁
久田則夫「介護現場のリーダー論――どうすれば信頼と希望と安心をもたらすリーダーになれるか 第10回 寛大な心で人と接するリーダーになる」『ふれあいケア』全国社会福祉協議会、二〇二一年三月号、五四～五六頁
久田則夫「介護現場のリーダー論――どうすれば信頼と希望と安心をもたらすリーダーになれるか 第11回 感謝の気持ちを明確に言い表すリーダーになる」『ふれあいケア』全国社会福祉協議会、二〇二一年四月号、五四～五六頁

［著者紹介］

久田則夫
（ひさだ・のりお）

長崎県大村市生まれ。昭和 60 年 3 月、上智大学外国語学部卒業後、知的障害者施設に就職。
平成 6 年 3 月まで、支援職員として勤務。その間、3 年間にわたり、英国国立スワンジー大学院博士課程に留学。高齢知的障害者に関する社会学的研究で、博士号（Ph. D.）取得。長崎純心大学、龍谷大学を経て、現在、日本女子大学人間社会学部教授。専門領域 : 利用者本位サービス論、社会福祉組織運営論

〈主な著書〉
『どうすれば福祉のプロになれるか――カベを乗り越え活路を開く仕事術』（単著）中央法規出版、『社会福祉の研究入門――計画立案から論文執筆まで』（編著）中央法規出版、『伸びる職員実践教室――保健福祉の職場が変わる仕事術』（単著）医歯薬出版、『デキる福祉のプロになる　現状打破の仕事術』（単著）医歯薬出版、『施設職員実践マニュアル――インフォームド・コンセントにもとづいた利用者主体の援助プログラムの勧め』（単著）学苑社、『エンパワメント実践の理論と技法』（共編著）中央法規出版、『改訂　地域福祉・介護サービスQ&A――介護保険時代の高齢者ケア実践のポイント』（共編著）中央法規出版、『高齢知的障害者とコミュニティケア』（単著）川島書店、『ノリさんの楽々レポート作成術――福祉系学生・職員のための論文レポート作成マニュアル』（単著）大揚社、『社会福祉法の成立と 21 世紀の社会福祉〈別冊発達〉』（共著）ミネルヴァ書房、『社会福祉援助技術論』（共著）全国社会福祉協議会、『福祉のプロにおくる　職場の難問解決Q&A――これがあなたを危機から救うとっておきの秘策だ !』（単著）中央法規出版、『人が育つ・職場が変わる気づき力――業務改善と意識改革の教科書 !』（単著）日総研出版、『福祉の仕事でプロになる !――さらなる飛躍に向けた 24 のポイント』（単著）中央法規出版、『福祉リーダーの強化書――どうすればぶれない上司・先輩になれるか』（単著）中央法規出版、『福祉職員こころの強化書――穏やかな気持ちで人を支援する専門職になる』（単著）中央法規出版、その他多数。

どうすれば信頼される福祉リーダーになれるか
他者を支えて成長に導くサーバント・リーダーシップのススメ

2022年7月1日　発行

著　者　久田則夫

発行者　荘村明彦

発行所　中央法規出版株式会社
〒110-0016　東京都台東区台東3-29-1　中央法規ビル
TEL03-6387-3196
https://www.chuohoki.co.jp/

ブックデザイン　加藤愛子（オフィスキントン）

本文イラスト　尾代ゆうこ

印刷・製本　長野印刷商工株式会社

本書の内容に関するご質問については、下記URLから「お問い合わせフォーム」にご入力いただきますようお願いいたします。
https://www.chuohoki.co.jp/contact/

定価はカバーに表示してあります。落丁本・乱丁本はお取り替えいたします。
ISBN978-4-8058-8735-6